古典文獻研究輯刊

十一編

潘美月・杜潔祥 主編

第 **14** 冊

《密勒日巴大師全集》研究

蘇淑貞 著

國家圖書館出版品預行編目資料

《密勒日巴大師全集》研究／蘇淑貞 著－初版－台北縣永和

市：花木蘭文化出版社，2010〔民 99〕

目 2+148 面；19×26 公分

（古典文獻研究輯刊 十一編；第 14 冊）

ISBN：978-986-254-297-2（精裝）

1. 密勒日巴　2. 藏傳佛教　3. 佛教傳記

226.969　　　　　　　　　　　　　　99016385

ISBN - 978-986-2542-97-2

9 789862 542972

古典文獻研究輯刊

十一編　第十四冊　　　　　　ISBN：978-986-254-297-2

《密勒日巴大師全集》研究

作　　者　蘇淑貞

主　　編　潘美月　杜潔祥

總 編 輯　杜潔祥

企劃出版　北京大學文化資源研究中心

出　　版　花木蘭文化出版社

發 行 所　花木蘭文化出版社

發 行 人　高小娟

聯絡地址　台北縣永和市中正路五九五號七樓之三

　　　　　電話：02-2923-1455／傳眞：02-2923-1452

網　　址　http://www.huamulan.tw 信箱 sut81518@ms59.hinet.net

印　　刷　普羅文化出版廣告事業

初　　版　2010 年 9 月

定　　價　十一編 20 冊（精裝）新台幣 31,000 元

《密勒日巴大師全集》研究

蘇淑貞　著

作者簡介

蘇淑貞，畢業於國立中山大學中文系研究所碩士班，以宗教文學、古典小說為個人研究專長，學術興趣更擴及於敦煌文學、唐詩、唐傳奇、宋詞、明清短篇及章回小說等。戮力於教學、目前仍任教於文藻外語學院及正修科技大學，講授詩詞選、中國文學簡述、史籍選讀、歷代文選、中國語文運用、大一國文及實用中文等課程。藉由教而學，漸次增益研學的領悟，並輔翼個人進修的成果。

提　　要

　　藏傳佛教自 1980 年開始，在台灣各地陸續成立了傳法中心，許多仁波切、喇嘛相繼來台弘法駐錫、帶領修行，因此修學藏傳佛教、參與法會，蔚為一股新興的宗教風潮，佛學基金會也愈見規模完善。在藏傳佛教的派系中，以噶瑪噶舉派的傳法中心最多，其傳布法教的作品，又以《密勒日巴傳》最膾炙人口、對於信眾最有啟發作用；而密勒日巴大師的《道歌集》，記載他在修行上的證悟與覺受，收錄他指導弟子修行的法教，還有對眾生的疑惑的解答內容，這確是一部宗教色彩十分濃厚的作品，對於噶瑪噶舉派的學人深有助益。同時這種傳記文學的流行，標誌著元明時期，西藏吐蕃王朝政權分崩離析，各派紛立、為求宣傳我教主張的社會現實；其道歌體的形式，也說明了西藏十五到十六世紀之間，宗教教義吸納了「魯體民歌」和「自由體民歌」的創新之舉，藉由這種通俗的形式傳教，更加深了宗教的影響力。是以《密勒日巴大師全集》不只是一個宗派的教育素材，也是一代文學作品的先驅、楷模，由它的成功，更促使其他宗派也起而效尤，益加擴大了文學對宗教的輔翼作用。

目

次

第一章　序　論

第一節　研究動機與研究方法

　　佛教，按其流傳與書寫經典語文之別，可分爲三大系〔註1〕：漢語系〔註2〕、藏語系和巴利語系〔註3〕。藏語系佛教，一般習慣稱之爲藏傳佛教〔註4〕主要流傳於中國大陸的西藏、青海、甘肅、四川、雲南，內蒙古的藏、蒙古、欲固、土、羌、納西等族中，以及印度、不丹、尼泊爾、錫金、蒙古人民共和國、蘇聯布利亞特等國家和地區，在佛教的流布方面，具有獨特的地位。

　　冉光榮《中國藏傳佛教史》一書之〈序言〉曰：

　　藏傳佛教是印度和中國漢區佛教傳入西藏後，歷經與本教〔註5〕的長

〔註1〕　班禪大師、趙樸初居士等均認爲按語系區分佛教是科學的。見《民族團結》1987年十一期。

〔註2〕　任繼愈〈漢傳佛教與東方文化〉一文說：古代印度佛教向東北方傳播，其中一條路線經中亞、通過絲綢之路，傳到中原內地，形成漢傳佛教，由起初的介紹、融合過程，一直到創造與儒化的發展，充滿了漢文地區的文化色彩。中華佛學學報第12期（1999年7月出版）中華佛學研究所發行，頁11～16。

〔註3〕　舍爾巴茨基《大乘佛學》說：「巴利語是指古代印度的俗語(Prâkrit)之一種。……據近代學者研究，有被稱爲南傳五部的巴利經典──《長部》、《中部》、《增支部》、《相應部》及《小部》經典，大約在西元前1世紀左右定形。」宋立道博士譯，圓明出版社，中華民國87年第一版，頁9。

〔註4〕　創古仁波切《三乘佛法心要》一書曰：「藏傳佛教具有小乘的外在修持、大乘的內在動機或菩提心，及所謂金剛乘的秘密知見與修法。」眾生文化出版社，中華民國85年初版，頁15。

〔註5〕　「本」之寫法甚多，有本波、苯、苯波、笨、缽、缽波、黑教等。本教又稱「本波」、「擁宗吉本」、「白本」、「黑本」、「花本」。可能是古代藏族在自然崇拜時期，把依助神壇和宗教器皿來從事原始宗教活動的巫師通稱作「本」，「本」

期鬥爭、交融、及藏族社會的種種影響而最終形成的。它具備許多特點，如大小乘〔註6〕兼容，而以大乘爲主；大乘中又是顯密併修而更重密宗〔註7〕。在經典、修習次第、儀軌〔註8〕、制度等方面，均有著極其豐富的內容，構成爲完整的「藏密」。當今密宗只有在我國藏區才有著較爲系統地承傳。不僅如此，藏傳佛教內部派系甚多，而且新興小支派還在不斷湧現。寺院內部組織尤屬縝密，部門健全，分工明晰。政教合一之寺即爲小型的地方政府。學經制度漫長嚴格，講辯併行之學風更爲其他宗教寺院所難企及。至於活佛轉世制度〔註9〕亦係藏傳佛教之獨創。

藏傳佛教中，比較有勢力的是紅教、花教、黃教、白教。姜安所著之《雪域中的珍寶──藏傳佛教》一書說：寧瑪藏語意爲古、舊。該派因遵循前弘期〔註10〕

便逐漸演變爲人們信仰的一種宗教之教名。（參見冉光榮《中國藏傳佛教史》，文津出版社，中華民國85年9月，初版一刷，頁2～3）

〔註6〕 第十四世達賴喇嘛所著，陳琴富所譯，鄭振煌所校訂之《藏傳佛教世界》一書曰：原始佛教經典中，論及許多不同思想與修證的系統，統稱爲『乘』或『輪』；佛教中的兩個主要思想行證系統是大乘和小乘，其根本差異，在於兩者對於佛陀教示中『無我』觀念的理解及其起用有所不同。小乘的無我觀只關係到我空，未廣泛論及人以外的事物（法空），大乘則論及我空與法空，須經驗到我法二執俱空以後，才破除根本無明的執著妄想。立緒文化，中華民國86年，初版，頁6～7。

〔註7〕 李冀誠著著之《佛教密宗百問》曰：「密宗（也稱密教、怛特羅佛教、眞言乘、持明乘、密乘、果乘、金剛乘）自稱受法身佛大日如來深奧秘密教旨傳授，爲『眞實』言教，故名。……。學術界認爲密宗是七世紀以後印度大乘佛教一部份派別與婆羅門教相結合的產物。它盛行於今德干高原等地，以高度組織化的咒術、儀禮、民俗信仰爲其特徵。」佛光出版社，中華民國85年，二版，頁1。

〔註8〕 儀軌──金剛乘之修持法本，敘述如何觀想本尊及做本尊禪修。（參見創古仁波切《止觀禪修》眾生文化出版，中華民國86年初版，頁210）

〔註9〕 王森著《西藏佛教發展史略》說：「這一派（噶瑪噶舉派）是西藏各教派中採取活佛轉世相承的最早而傳承又最久的一派」（中國社會科學出版社，1997年4月，第2次印刷，頁116）。姚麗香〈藏傳佛教在台灣發展的初步研究〉一文說：其教團領袖採用「活佛轉世制」的繼承方式，使教團免於聽任一個氏族的擺佈，使噶瑪噶舉派形成宗教意識強烈的教團。（臺大《佛學研究中心學報》第五期2000，頁315～338）

〔註10〕 李冀誠等《佛教密宗百問》說：「從七世紀中松贊干布時佛教傳入西藏到九世紀中赤熱巴堅（赤德祖贊 815A.D.～838A.D.在位）時期史稱爲佛教的『前弘期』此時密宗已傳播到民間；而且，吐蕃官方只許翻譯密宗事部、行部、瑜伽部的密典，不許翻譯無上瑜伽部的密典。（頁33～34）

所傳的密宗而得名。又因爲這派的僧人穿紅色袈裟、戴紅色僧帽，所以俗稱「紅教」。寧瑪派以早期傳密宗入吐蕃的蓮花生大士〔註11〕爲祖師，依蓮花生大士所傳的密咒和遺留下來的「伏藏」〔註12〕修習、傳承，形成獨特的一派。寧瑪派，在教義上將全部佛法分爲聲聞乘、緣覺乘、菩薩乘、事（瑜珈）乘、方便（瑜珈）乘、瑜珈乘、大瑜珈乘、隨瑜珈乘、無上瑜珈乘等九乘〔註13〕。前三乘合名波羅密多乘，即爲顯宗，爲化身釋迦牟尼佛所說；後六乘合名眞言乘或金剛乘，即密宗。寧瑪派的特點是缺乏組織，教徒分散各地、教法內容不相一致，有其各自的傳承。也由於這個教派組織分散，因此不像其他教派和地方勢力有比較密切的關係。

　　花教即爲薩迦派。薩迦，藏語的意思爲「白土」，建築在白色土地上的寺院就被稱爲薩迦寺。又因爲寺廟圍牆塗有象徵文殊〔註14〕、觀音〔註15〕與金剛手〔註16〕的紅、白、藍三色花紋，所以薩迦派又俗稱「花教」。薩迦派的教

〔註11〕 李冀誠等著《佛教密宗百問》指出：蓮花生大士是印度金剛乘創始人歐理薩國國王武德雅拉（因陀羅部底）的兒子，靜命大師（寂護）的妹夫，頁32。

〔註12〕 據傳吐蕃時期的人，將一些著作埋藏在某些地方，如神像下、屋柱下、岩洞中等，被後世一些佛教徒發掘、公諸於世，因是從埋藏中取出的書，所以叫「伏藏」。根據所見到的「伏藏」書籍的內容來看，多是寧瑪派觀點，而發現這些書的人又多是寧瑪派僧人，因此可以說，這也是寧瑪派教徒在當時教派競爭中，爲宣傳本派觀點、擴大本派影響、增強本派勢力，而採取的一種與其他教派的學者著述相抗衡的應急手段。此說參見《西藏文學史》，文殊出版社，中華民國76年3月，初版，頁253～254。

〔註13〕 達賴喇嘛著《藏傳佛教世界》一書，對九乘之說有如下看法：「根據寧瑪派即大圓滿派的解釋與說法，區分爲九乘，前三乘爲聲聞、獨覺和菩薩乘，也就是顯教三乘，也稱爲苦因三乘。其次是事部、行部、瑜伽部的外密三乘，因爲它們強調外層的行事，諸如儀軌、淨行等，又稱爲苦覺密續，……。然後是內密三乘：父密續、母密續和不二密續，在大圓滿派的說法中或稱爲瑪哈瑜伽、阿努瑜伽和瑪哈底瑜伽。內密三乘又稱爲無上乘」，頁101。

〔註14〕 明暘法師著《佛法概要》一書說「文殊師利，梵文 MANJUSRI 的譯音，略稱文殊。新譯『曼殊室利』。漢譯爲妙德，義爲萬德圓明，皆徹性原。又譯妙吉祥，因他出生時家裡出現十大吉祥瑞兆。……公元前六世紀（與釋迦同時代），生於舍衛國、多羅聚落、婆羅門族姓中。父名梵德，從母右脅而生，身紫金色，墜地能言，如同天子，有七寶蓋，隨覆其上，文殊具有三十二相，八十種好，與佛相同。」中華民國81年7月28日，頁224～225。

〔註15〕 明暘法師《佛法概要》一書說「據唐天竺沙門伽梵達摩譯的《千手千眼觀世音菩薩廣大圓滿無礙大悲心陀羅尼經》說：觀世音菩薩已於過去無量劫中，已作佛竟，號正法明如來。大悲願力，爲欲發起一切菩薩，安樂成熟諸眾生故，現作菩薩。」，頁254～255。

〔註16〕 陳義孝居士編之《佛學常見詞彙》說：金剛手即手執金剛杖或金剛杵的菩薩。

主由昆氏家族〔註17〕世代相傳，有血統與法統兩支傳承。薩迦派不禁止娶妻，但規定生子後不再接近女人。薩迦派特別推重「道果」〔註18〕教授，在教義中最重要的是「道果法」〔註19〕。也特別注重「時輪金剛法」〔註20〕和「金剛持法」的傳承。薩迦派的時輪金剛法，奠定了整個藏傳佛教時輪金剛學的基礎。薩迦派的著名高僧以及後來格魯派的創始人都弘揚和學習過時輪金剛法。薩迦派是藏傳佛教中比較大的教派，其發展和衰落又與元朝中央政權的興亡密切地聯繫在一起。它曾在西元 1260 年到 1354 年間，形成薩迦王朝、統治了西藏約一百年之久。因此，在歷史上它有著獨特的政治作用和影響。

　　黃教為格魯派。格魯，藏語之意為善律或善規，因為這派僧人以持戒嚴謹而得名。這派僧人戴黃色僧帽，俗稱黃帽派或黃教。這是在十五世紀初期，經過宗喀巴〔註21〕的宗教改革而興盛起來的教派。宗喀巴原本是噶當派〔註22〕僧

大乘精舍印經會，中華民國 88 年 8 月出版，頁 205。

〔註17〕昆家族成員之一的恭卻嘉波（Khochog Gyalpo，1034A.D.～1102A.D.），於 1073 年在西藏西南部薩迦（意為灰土之地）一地建立寺院。（此説參見薩迦茶巴法王秋吉崔欽所著，黃英傑所譯之《薩迦傳承史》一書，大手印文化出版，1994 年，初版，頁 8）。

〔註18〕《薩迦傳承史》一書曰：「道果」代表了尊貴佛陀所授之全部顯經和密續教法的修持體系，其大部分深奧的精神方法出自《喜金剛本續》。所透露的哲學觀點，是「輪涅不二」，也就是「輪迴與涅槃無二無別」的見解。見頁 10～11。

〔註19〕《薩迦傳承史》一書曰：從十五世紀的薩迦派上師慕千（Muchen）起，產生兩種不同版本的「道果」法一起流傳。「措些」（Tshogshay，共道果）是「道果」教法的公開教授，「洛些」（Logshay，不共道果）則是秘密教授，二者均含有極為詳盡與秘密的教授重點。（頁 10）

〔註20〕時輪金剛，簡單的說就是「時間之輪」。藏密本尊之一，藏名「堆柯」（dus vkhor）。係時輪金剛密法的本尊。藏密認為，時輪金剛密法源於古印度北方的「香巴拉王國」（謂該地如同極樂世界），大約公元十二世紀傳入西藏。時輪金剛密法確認一切眾生都在過去、現在、未來「三時」的「迷界」之中。宣揚釋迦牟尼之上還有一個「本初佛」，此佛為一切事物的根本泉源。密宗興盛之後，時輪金剛被人格化為一種白色的神。參見李冀誠等著之《佛教密宗百問》頁 103 與姜安《雪域中的珍寶──藏傳佛教》頁 61。

〔註21〕王森《西藏佛教發展史略》：「宗喀巴（tsong-kha-pa，1357～1419A.D.）本名羅桑札巴貝（bio-bzang grags-pa dpal，通稱羅桑札巴）」，出生於青海西寧附近塔爾寺地方，七歲出家從噶當派有名喇嘛頓珠仁欽（don-gru-brin-chen）學顯密教法 10 年。後來到衛藏深造。他是西藏宗教史上有名的宗教改革者。（頁 183）

〔註22〕「噶當」二字是指：把佛的一切言教（顯密經論）都看作是對僧人從日常行為到修法成佛的全過程的指示和教導。噶當派教法源于阿底峽，但它的正式創始人是阿底峽的弟子仲敦巴。西元 1056 年初，仲敦巴建立了熱振寺，以該

人，西元 1373 年到衛藏地區學經，先後跟從薩迦、噶舉等派僧人學習，自十四
世紀八○年代初學習各派顯、密經論，至十四世紀八○年代末，遍學藏傳佛教
各派教法。宗喀巴吸收了噶當派的戒、定、慧，學修並重的方法；吸收了薩迦
派研究佛經學問的嚴謹，主張顯宗、密宗並重，在密宗教義修鍊方面，將佛教
所有教派的精華都加以吸收。宗喀巴著書立說，以教理作為改革的理論基礎，
並提倡僧人應嚴守戒律。達賴〔註23〕、班禪〔註24〕是這派兩大活佛轉世系統，
在明朝、清朝的冊封、扶持下，格魯派成為藏區執掌政權的教派。

　　白教即為噶舉派。噶舉，藏語的意思是「佛語傳承」，漢文譯為口傳；指的
是傳承金剛持佛〔註25〕親口所授的密咒教義，特別重視密法的修鍊。這派的創
始人是出身富家的馬爾巴〔註26〕，他曾到拉薩、印度及尼泊爾等地習經學法，
至少有十位上師，他跟隨印度著名的班智達〔註27〕——那諾巴〔註28〕學習；而
那諾巴又師事帝洛巴〔註29〕，產生噶舉派特有的禪修法：那諾六瑜珈法與大手

寺為基礎、逐漸形成噶當派。（參見李冀誠著《西藏佛教密宗》一書，今日中
　　　　國出版社，1990 年 4 月第 1 次印刷，頁 58）

〔註23〕「達賴」之名始於 1578 年，蒙古土默特部的俺答汗（1507～1583A.D.）贈索
　　　　南嘉措（即第三世達賴喇嘛）以「聖識一切瓦齊爾達喇達賴喇嘛」之封號。
　　　　意指：在佛家顯教、密宗都已達到最高成就的、超凡入聖、智慧如海的上師。
　　　　（參見王森《西藏佛教發展史略》頁 192～193 與達賴喇嘛著；康鼎所譯《達
　　　　賴喇嘛自傳》聯經 1990 年初版，頁 2）

〔註24〕班禪本為宗喀巴的及門弟子。班禪與達賴世世互為師弟子。其名為漢字的譯
　　　　音，原音是 Pan-chen，為梵語班第達（Panditau，有智慧者）與藏語「禪寶」
　　　　（C,en-po，大）兩個字的簡化複合詞，即大有智慧者之義。藏人信其為阿彌
　　　　陀佛的應現，與觀音菩薩化現之達賴，正好師弟子相應、相得益彰（參考聖
　　　　嚴法師著《西藏佛教史》，法鼓文化，1997 年初版，頁 147～148）。

〔註25〕《密勒日巴大師全集》第卅篇，註 5 曰：密宗據其根本見——「煩惱即菩提」，
　　　　而以五方佛象徵眾生之五煩惱。但為了表示此五方佛之根源及一切密法之出
　　　　生處，又以金剛持佛於中間的金剛薩埵之上，而成為所謂的「第六金剛持」，
　　　　象徵著密乘上師的重要性。（慧炬出版社，中華民國 69 年 6 月初版，86 年 3
　　　　月 12 刷，頁 384）

〔註26〕王森《西藏佛教發展史略》第六篇說：「瑪爾巴（mar-pa，1012～1097A.D.）
　　　　本名卻吉羅追（cbos-kyib lo-gros）出生于洛札（lho-brag，在前藏南部）的一
　　　　個富足人家」，師承那洛巴（na-ro-pa）等人，一生並未出家，除授徒外，還
　　　　經商種田。（頁 109）

〔註27〕《密勒日巴大師全集》第卅篇，註 9 曰「班智達者，梵文博學之士之名稱也」。

〔註28〕那諾巴大師（Naropa，1016～1100A.D.）非僅為大成就之瑜珈士，亦為著名
　　　　之大學者，曾任印度超岩寺（毘扎馬寺）之「北門守護講座」。是白教的第三
　　　　代祖師（出處同上註）

〔註29〕帝洛巴（Tilopa，988～1069A.D.）——據說他曾在印度一處叫索瑪普利的地

印傳承。平時，馬爾巴按照印度密宗的習慣、著白色僧裙，以後，這派僧人也如此依循，故俗稱「白教」。噶舉派重視密宗，重視「大手印」〔註30〕傳承，不重文字、重在論理，即通過「大手印」智慧。噶舉派也是藏傳佛教中支系最多的一個教派，這一派的教法，由創始人馬爾巴傳至密勒日巴〔註31〕，再傳至塔波拉結（dvags-po lha-rje，西元 1079～1153 年，塔波拉結，意思是「塔波地方的醫生」），他後來因爲長住岡波寺，又稱岡波巴。塔波拉結創建了岡波寺，此寺成爲塔波噶舉的祖寺，另有一支香巴噶舉並存於當時。塔波噶舉後來分成四大派，即噶瑪噶舉〔註32〕、蔡巴噶舉〔註33〕、拔戎噶舉〔註34〕、帕竹噶舉〔註35〕

方，絲毫不動地修行十二年。經過這段時間的修行，他藉著禪觀和其他特殊的方式，直接面對面的從金剛總持那裡接受指導、口傳與灌頂，所以算是白教的第二代祖師。

〔註30〕噶瑪聽列仁波切著《西藏十六世噶瑪巴的歷史》一書說：大手印乃金剛乘之頂點，同時亦如一根線般貫穿整個噶舉修行法道。大手印之「見」指出心的真實體性乃光明和空性的結合，不生不滅；大手印之「修」是一種自心任運無作的體驗。當如雲般的遮障消除時，不生不滅的法身便顯現了；大手印「行」的特質在於任運無作，因爲它是由完全空悲的「見」和「修」所獲致的果，因此超越了任何特定的教條和型式，所以有時大手印瑜珈士的行爲在外表上顯得有些瘋狂，而被稱爲「瘋行者」。（寶鬘印經會，中華民國88年1月，校修版首次印刷，頁73～77）

〔註31〕《西藏文學史》一書說：密勒日巴家原是富戶，因爲遭到親人、惡鄰的欺凌，而學咒術報仇、殺人毀禾、造孽非淺，悔恨過往、遂投在當時佛教大譯師馬爾巴門下，學習「即身成佛」的法要、遁跡山林、潛心修習，並遍遊西藏各地、弘揚教法，成爲噶舉派一代宗師。（文殊出版社，中華民國76年3月初版，頁400～401）

〔註32〕王森《西藏佛教發展史略》說：噶瑪噶舉派創始于塔波拉結（即岡波巴）的及門弟子都松欽巴（dus-gsum mkhyen-pa，1110～1193A.D.即德松欽巴）。他在前後藏先後共30年，從各派名人學顯密教法。38歲時（1147A.D.）曾去西康類烏齊，並在該地附近的噶瑪地方建噶瑪丹薩寺（噶瑪派名即得于此寺）；1187年，他在堆隆（拉薩西北）建粗樸寺（即祖普寺），自噶瑪拔希（即噶瑪巴希）擴建祖普寺以後，就以祖普寺爲主寺。（頁114～116）

〔註33〕王森《西藏佛教發展史略》說：蔡巴噶舉創始于向蔡巴（zhang tshal-pa，1123～1194A.D.）。他1152年偕帕木竹巴多吉杰謁塔波拉結，學法于塔波拉結之侄與密法的繼承人──貢巴粗犀寧波；1175年建蔡巴寺于蔡谿卡，因此而得名。（頁137～138）

〔註34〕王森《西藏佛教發展史略》說：拔戎噶舉創始于塔波拉結的弟子達瑪旺秋（dar-ma dbang-phyug，約12世紀時人），因聞遊方僧人盛贊塔波拉結之德能，往謁之。塔波拉結深喜之、教以詳盡導引，悟解、修證均達到了很高的境界。後來在絳地建拔戎寺，本派因此得名。（頁140）

〔註35〕王森《西藏佛教發展史略》說：帕竹噶舉創始于塔波拉結的弟子帕木竹巴

等；接著，又再從四大之一的帕竹噶舉，分出八小派，即止貢巴〔註36〕、達壟巴〔註37〕、主巴〔註38〕、雅桑巴〔註39〕、綽浦巴〔註40〕、修賽巴〔註41〕、葉巴〔註42〕、瑪倉巴〔註43〕等。

（phag-mo gru-pa，1110～1170A.D.），帕木竹巴之學繼承了塔波拉結之學（融合噶當派的《菩提道次第》與密勒日巴的《大手印》修法，此一方向）。1158年，帕木竹巴年49歲，在前藏的帕木竹建立丹薩替寺（在澤當過江後東北方向），故此支派簡稱帕竹噶舉。（頁141～142）

〔註36〕王森《西藏佛教發展史略》說：止貢噶舉創始于止貢巴仁欽貝（bri-gung-pa rin-chen-dpal，1143～1217A.D.），他約1167年去丹薩替寺從帕木竹巴學法，據說他證得「諸法眞實」之智。1179年，他到止貢，那裡原來已有帕木竹巴的弟子木雅貢仁所建的小廟，止貢巴到該寺之後，成爲這個寺廟的主人，並增建寺廟、稱爲止貢替寺，故此派稱爲止貢噶舉。（頁145）

〔註37〕王森《西藏佛教發展史略》說：達壟噶舉創始于達壟塘巴希貝（stag-lung-thang-pa bkra-shis-dpal，1142～1210A.D.），他24歲時（1165年）師事帕木竹巴，以對師誠敬見稱，不久即成爲帕竹侍者。他精勤學法、能合修空性與四無量心，證「無住涅槃」境界。1180年，年39、偕徒17人受請到達壟，在博多哇舊日住處建達壟寺，此派因而得名。（頁147）

〔註38〕王森《西藏佛教發展史略》說：主巴噶舉注重苦修，沒有掌握過地方政權，徒眾極多、分布甚廣。創始于帕木竹巴的弟子林熱白瑪多吉（gling ras padma rdo-rje，1128～1188A.D.），形成于藏巴嘉熱耶歇多吉（1161～1211A.D.），稱中主巴；又由嘉熱的兩位弟子洛熱巴（1187～1250A.D.）和郭倉巴（1189～1258A.D.）分別形成下主巴與上主巴；後來，在不丹王國又形成南主巴，這一支系的領袖曾長期兼掌不丹之政教兩權。（頁150～159）

〔註39〕王森《西藏佛教發展史略》說：雅桑噶舉創始于帕木竹巴的弟子——格丹耶歇僧格（skal-ldan ye-shes seng-ge，？～1207A.D.），他于札饒建索熱寺，聚有一部份徒眾，其中主要的一個是卻悶朗。卻悶朗，1206年（38歲），在今山南乃東縣亞桑建立雅桑寺，此派因而得名。（頁159～160）

〔註40〕王森《西藏佛教發展史略》說：綽浦噶舉創始于帕木竹巴的兩個弟子杰擦（rgyal-tsha，1118～1195A.D.）和袞丹（kun-ldan，1148～1217A.D.）兄弟。杰擦54歲時（1171年）買了綽浦地方的地基一塊，蓋佛堂及僧房、聚徒約20人，都以修定爲主（此即綽浦寺，地在日喀則西偏南夏卜河以東），本派因此得名。（頁160～161）

〔註41〕王森《西藏佛教發展史略》說：修賽噶舉創始于帕木竹巴的弟子——結貢粗墀僧格（gyer-sgom tshul-khrims seng-ge，1144～1204A.D.）。他19歲時（1152年）開始跟帕木竹巴學法。1181年（38歲）在涅浦地方建修賽寺，因此而得名。但這派更重視希解派初傳的教法，故勳奴貝《青史》一書將這派歸爲希解派之一支。（頁163）

〔註42〕王森《西藏佛教發展史略》說：葉巴噶舉創始于帕木竹巴的弟子耶歇孜巴（ye-shes brtsegs-pa，生卒年不詳），他建立了葉浦寺，本派即因此寺之簡稱而得名。後來此派與其他教派合流，久已消失。（頁163）

〔註43〕王森《西藏佛教發展史略》說：瑪倉噶舉創始于瑪倉喜饒僧格（smar-tshang

　　藏傳佛教在台灣的發展，初期深受政治因素影響。一般而言，在台灣的藏傳佛教也可以分為前弘期與後弘期。而這兩個時期的斷代，是以 1980 年創古仁波切〔註44〕來台弘法為分界〔註45〕。在前弘期階段，因為種種政治限制，故藏傳佛教的流傳以漢人居士為主導。各大教派在臺傳法的，除格魯與薩迦兩派之外，幾乎全以漢人居士為主，而這些人大多是民初曾在大陸隨蒙藏喇嘛〔註46〕學法的居士。其中，寧瑪派的發展較盛，其次為噶舉派。

　　1980 年代初期，由於國內外政治情勢的改變，迫使當政者面臨政治革新的壓力，連帶的對宗教的管制也逐漸解禁，故藏傳佛教乃進入流傳較順利的後弘期。這個階段中，藏傳佛教的四大教派，以噶舉派最早傳入、發展也最迅速，目前已經有 41 個傳法中心〔註47〕。1984 年起，更有桑桑仁波切長駐在台灣教學，開啟了仁波切在台長駐之先例。

　　噶舉派本身教派很多，有四大派、八小派之別，外加獨立於四大八小之外的香巴噶舉派。現存的有五派，即香巴噶舉與四大之一的噶瑪噶舉派，八小的止貢噶舉、達隆噶舉（即達壟噶舉、達壟巴）與竹巴噶舉。其中，噶瑪噶舉派因為轉世的上師眾多，加上領導者大寶法王〔註48〕的威望，因此在台灣的發展最為可觀、也最有組織。然而，在第十六世大寶法王於 1981 年圓寂之後，法王座前的四大法子〔註49〕，因為對認證大寶法王的轉世靈童有分歧的意見，所以產生了兩位十七世大寶法王。在台灣的噶瑪噶舉教派，也因此

shes-rab seng-ge，生卒年不詳），他把這一派的教法傳給耶歇堅贊和仁欽林巴等人，後來這一派和康區白玉地方的寧瑪派合流，因而消失。（頁 163～164）

〔註44〕達賴喇嘛著；康鼎譯之《達賴喇嘛自傳》一書說：「仁波切是賦予精神領袖的頭銜，其字面上的意義是『寶』的化身」（聯經 1990 年 12 月初版，2000 年 5 月初版第十五刷，頁 9）

〔註45〕此說參見黃英傑《民國密宗年鑑》，台北，全佛出版社，1995 年，頁 270。

〔註46〕達賴喇嘛著；康鼎譯之《達賴喇嘛自傳》一書說：「『喇嘛』是個相當於印度字 Gurn 的藏文，意指上師。」（頁 2）

〔註47〕資料參考姚麗香〈藏傳佛教在台灣發展的初步研究〉一文，頁 8。

〔註48〕王森《西藏佛教發展史略》說：明永樂五年（1407 年）春，永樂帝命令噶瑪噶舉派黑帽系第五世活佛得銀協巴（de-bzhin gshegs-pa，1384～1415A.D.，即德新歇巴）在靈谷寺為太祖帝后薦福，封贈他為「萬行具足十方最勝圓覺妙智慧善普應佑國演教如來大寶法王西天大善自在佛領天下釋教」（簡稱大寶法王）。終明之世，此派黑帽系的轉世活佛均承襲此稱號、統領教派。（頁 120～121）（目前已經轉世了第十七次）

〔註49〕姚麗香〈藏傳佛教在台灣發展的初步研究〉一文說：四大法子即，泰錫度仁波切、嘉察仁波切、蔣貢康楚仁波切與夏瑪仁波切等。都已曾來台弘法。（頁 8）

隨著支持的仁波切（一方支持泰錫度仁波切、嘉察仁波切與蔣貢康楚仁波切所認證的法王；一方支持夏瑪仁波切所認證的法王）而分立。但是，依然以泰錫度仁波切等上師所認證的大寶法王，得到絕大多數的支持。

近幾年來，筆者對於藏傳佛教深感興趣。對於十七世大寶法王——烏金聽列多傑〔註50〕所領導的噶瑪噶舉教派尤為信受。現今噶瑪噶舉教派的傳法中心已多達 33 個，佔了全台灣藏傳佛教傳法中心數的 27%〔註51〕。而噶瑪噶舉派的相關作品中，除了祖師的傳記之外，以各類傳布法教的作品為主。比方：桑吉堅贊〔註52〕（1452～1507A.D.）所著的《馬爾巴傳》、《密勒日巴傳》、《惹瓊巴〔註53〕傳》，噶瑪聽列仁波切所寫的《西藏十六世噶瑪巴的歷史》與岡波巴大師（即塔波拉結）所寫的《大乘菩提道次第論》、《成就勝道寶鬘集》等。

其中密勒日巴大師以一個瑜珈士〔註54〕的身分，唱誦、流傳了四百多首證道歌，完成他一生最有價值的修行覺受的分享、教導。詩歌的內容包含詠嘆祖師的恩德、勸化眾生修行，並指導修行法要等。密勒日巴大師遊化四方、法教流傳廣遠，再由後藏人桑吉堅贊，循著大師的旅跡、一一蒐集紀錄，編撰成情節完整、而有系統的詩歌集，稱為《密勒日巴大師道歌集》（又名《密勒日巴大師全集》）。書中充滿證悟者清明的智慧，與教化眾生的慈悲心；在

〔註50〕噶瑪聽列仁波切著《西藏十六世噶瑪巴的歷史》一書說：1992 年，尋找大寶法王轉世靈童的隊伍在拉托地方的巴闊村，找到一位藏曆木牛年五月八日（1985 年 6 月 26 日）出生的男孩，證實為第十六世大寶法王的轉世靈童。1992 年 8 月 7 日清晨，在拉薩大昭寺由泰錫度仁波切與嘉察仁波切剃度，並依蓮花生十士嚴藏寶藏的記載，正式取名為烏金聽列多傑（事業金剛）的名字。（頁 242～248）

〔註51〕數據資料來自於姚麗香〈藏傳佛教在台灣發展的初步研究〉一文，頁 10。

〔註52〕馬學良等主編之《藏族文學史》一書說：桑吉堅贊自幼崇敬噶舉派祖師米拉日巴（密勒日巴），他以米拉日巴為楷模，隱跡高山岩窟、潛心苦修，遍遊西藏各地，所到之處廣收徒眾、宣揚佛法，平日化緣度日、生活清貧，行為非同常人，因獲「後藏瘋子」的名號。（四川民族出版社，1985 年 9 月第一版，1994 年 9 月修定再版，頁 516～517）。

〔註53〕王森《西藏佛教發展史略》說：熱窮（ras-chung，1083～1161A.D.）約在十二歲時（1093～1094 年）遇見密勒日巴，修拙火定有證驗。後來還曾到印度學一些馬爾巴未學完的密法——無身空行母法，是密勒日巴大師重要的弟子，頁 111～112。

〔註54〕創古仁波切《三乘佛法心要》一書說：瑜珈士（yogis）的梵文是「固速魯（kusulu）」，意思是「不計畫或造作任何事的人」或「非常單純及自然的人」，現代人稱他們為「瑜珈士」。在這種實際安住的禪修中，行者學習如何讓心安住在心的本質中，以及如何經由實修的經驗而展開禪定的真正力量。並學習如何實際延長定境，而能一剎那一剎那地安住在清新的覺受中。（頁 132）

深山修行及旅行的歷程中，事蹟又富於文學趣味，是以筆者以之爲題，撰寫研究論文。

本論文所用之研究專書，爲張澄基先生所譯，慧炬出版社所發行之《密勒日巴大師全集》。此書實已包含《密勒日巴大師傳》與《密勒日巴大師全集》，《密勒日巴大師全集》第五十二篇〔註55〕曾說：

> 「雅龍的施主們迎請尊者到腹崖窟中居住，圓滿承事供養尊者。惹瓊巴也同時住在腹崖窟上面的一所崖洞中。就在這一段期間，上師、本尊、空行聖眾都托夢給惹瓊巴，叫他祈請尊者講述他生平的傳記，經過惹瓊巴殷重勸請，尊者乃親自講述一生的經過（此即現在流傳的《密勒日巴尊者傳》的由來）。」

可見，傳記與歌集是密切相結合的，同樣都是教化弟子的材料，而密勒日巴大師的傳記故事，正足以成爲《道歌集》的重要輔助研究資料，故此列爲共同研究之要點，利於清楚了解密勒日巴大師其人與其詩歌。

本研究之主題，爲噶瑪噶舉派密勒日巴大師的事蹟與法教，所以在專用的宗教名詞方面，參考的多是噶瑪噶舉教派的解釋，謹愼的不偏離祖師的本意，與噶瑪噶舉教派教法；加上其他教派的重要參考資料與歷史察考等。

雖然筆者研究的是《道歌集》，但是，對於詩歌部分的研究，礙於目前藏文造詣之故，於此部分的研析從略。譯者張澄基先生，就曾在第廿一篇之註解中提到翻譯藏文的困難：許多字義只能取其意向而翻譯，有時不免減弱了原文的風味。藏文讀譯能力之重要如此，故而留待日後精進語文能力，通曉藏人格律運用及聲韻變化之後，再深入探討。本研究的重點，以密勒日巴大師其人與其一生法教爲主，探討他的修學過程，和教化眾生的思想、內容、價值與影響等主題。

第二節　《密勒日巴大師全集》的性質

《密勒日巴大師全集》一書，共分爲六十一篇，合計有四百零九首詩歌，內容可略分爲三種：一爲密勒日巴大師抒發自己在修行上的證悟與覺受，比方：在第三篇〈雪山之歌〉中，他唱一支「六種心要歌」，以六種譬喻〔註56〕

〔註55〕參見《密勒日巴大師全集》（歌集下）頁644。
〔註56〕《密勒日巴大師全集》（歌集上）：「若有障礙非虛空，若有定數非星辰，若有

來說明他對外境的認識，說明修行者自我內心的六種障礙〔註57〕，六種令人輪迴在六道的繫縛法〔註58〕、六種可以使人解脫的勝方便〔註59〕、六種法爾性〔註60〕及六種修習了「拙火〔註61〕定」之後，身心所產生的大樂境〔註62〕等；二為密勒日巴大師指導修行的詩歌，比方：第七篇〈修行人的快樂〉中，他唱了一首「甘露口訣歌」，向蒙境來求解惑的五位年輕尼眾〔註63〕提醒修行上的注意要點。他說：

　　諸佛法身之上師，指示解脫正道者，大悲事業利群生，

　　於一切時莫捨我，常住我頂賜加持。

　　汝等居此修正法，法門廣大雖無量，得過深密「金剛」道〔註64〕，

　　善根深厚實可慶。

　　汝等應知並自警，修行即身成佛法，不可增大己愛慾；

　　貪戀世間一切事，貪欲若大必難免，造作種種善惡業，

　　如是終將墮惡趣〔註65〕。

　　　　動搖非山嶽，若有增減非大海，若需橋樑非泳者，若可觸摸非彩虹，此是外境六譬喻。」頁53。

〔註57〕《密勒日巴大師全集》（歌集上）：「若有執滯非正見，若有沉掉非禪定，若有取捨非勝行，若有妄念非瑜伽，若有方所非智慧，若有生死非佛陀，此是六障六誤謬。」頁53。

〔註58〕《密勒日巴大師全集》（歌集上）：「瞋恨將為地獄縛，慳吝將為餓鬼縛，愚痴縛汝為畜生，貪心熾盛變人類，嫉妒心重變修羅，我慢貢高升天道，此是煩惱六繫縛。」頁53。

〔註59〕《密勒日巴大師全集》（歌集上）：「信心堅固得解脫，依善知識得解脫，戒律清靜得解脫，常住茅蓬得解脫，時常獨居得解脫，真實修行得解脫，此是六種解脫因。」頁53。

〔註60〕《密勒日巴大師全集》（歌集上）：「俱生妙智本來性，無內無外明體性，無遮無顯智慧性，廣大遍滿佛法性，無有轉變明點性，無有間斷覺受性，法爾六性應受持。」頁53～54。

〔註61〕《密勒日巴大師全集》（歌集上）：「此為密宗修氣脈之最主要的瑜珈。即觀臍下四指之拙火、或火苗，而引生俱生命氣或陽氣之發生而打開全身脈結，攝業氣入中脈而悟道。此為方便道或有相瑜珈道。」頁60。

〔註62〕《密勒日巴大師全集》（歌集上）：「體內拙火熾然樂，二脈業氣入中樂，上身菩提下降樂，下淨明點遍滿樂，紅白交會於中樂，無漏之身常自樂，此乃六種覺受樂。」頁54。

〔註63〕即出家修行的女性修行者。

〔註64〕《密勒日巴大師全書》第七篇，註4：金剛道──即密宗道，又名真言金剛乘道。頁101。

〔註65〕惡趣──即惡道，共有三道。指畜生、餓鬼、地獄三道，其間之眾生缺乏智

當汝承事上師時，不可心存此邪念：「我供辛勞渠傲享」。

若作此念師徒諍，心志所求皆不成。

守護堅誓密戒〔註66〕時，莫與惡人作交往〔註67〕，交往必生諸邪念，

損壞密戒三昧耶。

勤習聞思學法時，莫生我慢執名言，否則五毒火炎熾，

心生惑亂毀善根。

結伴共修靜居時，莫涉世事多外務，否則將失甚深道，

法緣善根終斷絕。

修持口傳密法時，莫行降魔作法事，行之自心終生魔，

終落紅塵世法網。

覺受證解生起時，莫談神通及預言，否則侵毀密咒相，

退失功德與道行。

知此諸失應遠離！惡行欺騙嚥罪食，負荷死者之屍靈〔註68〕，

爲滿己慾行諂媚，此等罪行應斷捨，謙虛忍讓百事成。

另外還有前來求法者跟密勒日巴大師問答的詩歌。比方：第四篇〈崖魔女的挑釁〉，魔女對密勒日巴大師所唱的「八喻曲」〔註69〕生起極大的信心，並且主動告訴他、自己曾造了什麼惡業，才會墮落成魔女此一業報身〔註70〕。她說：

憶戲！善根瑜伽士！資糧已滿修正法，獨居崖處甚稀奇，

以大悲眼視眾生。蓮花纓絡〔註71〕勝傳承，我乃彼傳之弟子，

慧思判力，恆常爲苦惱所逼，無由解脫，故又叫三惡道。（參見《密勒日巴尊者傳》頁236註1）。

〔註66〕《密勒日巴大師全集》第七篇，註5：堅誓密戒——即密宗戒，或稱三昧耶戒，梵文爲Samaya「無越」，不可超過此界線之意。頁101與頁74，註6。

〔註67〕《密勒日巴大師全集》第七篇，註6：修密乘之行者，嚴禁與破密宗戒之人交往，據說稍有接觸，即能發生定障及其他障礙。頁101。

〔註68〕《密勒日巴大師全集》第七篇，註7：西藏喇嘛認爲因修渡亡而受施主供養，爲一極端危險及負荷極重之事，好喇嘛皆盡量避免之。頁101。

〔註69〕參見《密勒日巴大師全集》第四篇，所謂八喻：說的是「於諸實物離怖畏」、「於沉掉離怖畏」、「於動搖離怖畏」、「於意外離怖畏」、「於斷常離怖畏」、「於能所離怖畏」、「於痴惑離怖畏」、「於魔障離怖畏」。頁65。

〔註70〕參見陳義孝居士《佛學常見詞彙》一書，指受到善惡業因所招感的苦樂果報所影響的人身。頁277。

〔註71〕《密勒日巴大師全集》第四篇，註4：蓮花纓絡——大概就是蓮花生大士的別名，蓮花生大士爲舊教寧瑪派之始祖，西藏之有佛法，蓮花生大士厥功最偉。頁73。

曾聞妙法如寶珠。聞法雖多貪欲重，遍遊各大瑜伽居，

引導有緣入善道，於具根者授勝義。我心雖然向白業，

此惡報身常飢渴，遨遊世界各城鎮，尋求血肉之美食。

我心浸入凡人心，年輕美貌之女子，我皆煽起其情慾；

英俊挺拔之男兒，我皆促使血沸騰，形形色色之世間，

我皆含笑而觀察。我以心神之魔力，促使諸國起貪爭，

我以魔體神變力，激動眾生使興奮。我之居所嶺巴崖，

此我生平之行徑，而今坦白告君前。你我相遇欣悅故，

而今為君歌此曲，我此淨信真實語，供奉瑜伽尊者前，

願聆我歌心歡喜！

魔女因為具足了對密勒日巴大師的信心，所以將自己生命中最大的問題——修行偏失告知。在闡述的過程中，面對自己的生命問題，也促發了密勒日巴大師對這樣的眾生，解說如何導正修行的要訣。

在這四百零九首詩歌中，不論所談論的主題是什麼，始終都沒有偏離了佛法傳承、勸告精進修行的用意，所以這是一部宗教意義濃厚的詩歌集。正如作者桑吉堅贊在傳中提到的：

為了給那些口說積聚福德，而實際卻不按正法經教行事的王者、大臣、官門豪吏以至平民百姓；那些雖按經教修法，但卻不知實踐深奧之要義，而只滿足於詞語之泡沫者；以及那些雖已獲得即身成佛之法寶而到彼岸，但尚須使其善業清淨之格西〔註72〕等，以尊者喜金剛〔註73〕的傳記作為楷模；對於那些貪求五欲和人生者，作為苦修的楷模；對於那些安於散逸者，作為專心修習的楷模；對於那些懷疑即身成佛之妙法，而不願實行深奧之修行者，作為已經成功之範例，引之相信正法真諦。因此撰寫這部《米拉日巴傳》並附之印刷，廣為散布和流傳。

因此，作者寫此傳記的用意，本來也就是要介紹世人一個修行的楷模。這是密勒日巴大師遵循馬爾巴大師的教示〔註74〕，在深山修行之後、隨緣度化眾

〔註72〕冉光榮《中國藏傳佛教史》說：「格西」係藏語「格外喜念」的簡稱，意為「善知識」。此學位是由地方政府和札倉堪布根據僧人資歷及出身來派定的，活佛等人享有優先權。考取步驟與考試次數，因格西的等級不同，要求也各異，頁332。

〔註73〕喜金剛——即密勒日巴大師之法名喜笑金剛。參見《密勒日巴尊者傳》頁119。

〔註74〕《密勒日巴尊者傳》記載：馬爾巴大師曾授與密勒日巴大師、梅紀巴尊者的

生的證明。這也彰顯了馬爾巴大師對密勒日巴大師的深切期許〔註75〕，得到圓滿的答覆。

這部充滿宗教意義、而篇章分明的詩歌集，更帶著濃厚的傳記〔註76〕性質。因為它的篇章排列，是依著密勒日巴大師在深山岩窟禪修與遊化各地所發生的故事，而分先後次序，而且每一篇都詳細記載著故事中的人、事、地、物，將詩歌產生的故事背景與情境，交代得很清楚。

例如：第九篇〈密勒日巴於灰崖金剛堡〉，文中說某天清晨，密勒日巴大師在光明定中看見金剛瑜伽佛母〔註77〕現身，告訴他——在他人間的弟子中，將有如日如月般的兩大弟子（即岡波巴大師與惹瓊巴），還有如星辰般的弟子二十三個，得成就者二十五名，得不退轉地之悟道者一百名，於道上得暖相〔註78〕的一百零八名，初入道之男女瑜珈者千人，與他結得法緣、因此不墮惡趣者不可數記。而在古通的鳥谷處，住著與他有宿緣的大弟子（即惹瓊巴）。為了要成就那名弟子，密勒日巴大師就向古通的上方走去。

第十篇〈惹瓊巴初遇尊者〉，故事即由「尊者密勒日巴遵從佛母的授記，向古通的上方行去。」開始。他走到古通堡時，向建造房屋的工人化緣，並向工人們開示，後來此地的村民們對他也非常崇敬，密勒日巴大師隨即安住在山羊峰上方的彩絲洞中修行，並在此遇見他的心子〔註79〕——惹瓊巴；又

帽子和那諾巴大師的衣服，並說「你應該在雪山峻嶺間修行」。頁144。

〔註75〕《密勒日巴尊者傳》記載：馬爾巴大師的臨別贈言說——「除了究竟成佛之外，任何事都不能算做最上的供養，究竟的報恩，和真實的利他事業。」頁154。

〔註76〕馬學良等主編之《藏族文學史》一書說：藏文典籍中，屬於"傳記"的著述很多，從最早的一些歷史書籍中，就可以看到不少"名王將相"的事蹟的紀錄。它將歷史人物進行了一定程度的誇張，情節文字方面也有不少虛構，還吸收了一些宗教神話和民間傳說，並用形象的語言勾畫出典型環境，塑造了人物性格，而傳記大半是記述大喇嘛生平事蹟的著作，也有少量世俗領主的傳記。頁514～515。

〔註77〕《密勒日巴大師全集》第九篇註13記載：金剛瑜伽佛母——即密乘之般若佛母，又名金剛亥母，為噶居派（即噶舉派）極重要之本尊。頁118。

〔註78〕《密勒日巴大師全集》第九篇註14記載：暖相——見道譬如真火升起，此則譬如見道之前，火尚未生起，但火之前相暖熱已經生起了。頁118。

〔註79〕《密勒日巴大師全集》第10篇註5記載：心子——西藏佛法之傳承中常用「心子」一語來表示某某人最親近、最受上師器重之大弟子，有點像我國「得衣缽」之弟子。「心子」者，如自己的心一樣重要、或深心愛護如親兒子一般的弟子。頁127。

第十一篇〈學佛之困難〉篇章之始，說：「尊者密勒日巴，由彩絲洞行至容普地區之光明洞，即於彼處而住」，密勒日巴大師在這裡、向那些由他的家鄉——咱普來的朝拜青年們開示，並攝受了弟子咱普惹巴。

　　因此《密勒日巴大師全集》一書，是以密勒日巴大師為主線，在記載詩歌的同時，勾勒出他離開馬爾巴大師門下之後，住山苦修與教化眾生的生活歷程。也就是說：作者——桑吉堅贊結合了宣揚教義與紀念偉大修行者的用心，使宗教詩歌與傳記融合，這與桑吉堅贊幼時即隨著噶舉派上師出家，而且自幼就崇敬密勒日巴大師、有甚深的關係；同時也因為這樣的記述內容取材於社會，並立意在按佛教的「人生苦海」觀點、揭示出人生痛苦的一面，所以客觀上反映了當時社會的某些現實問題與生活風尚，並展現了當時藏族封建社會文學〔註80〕的特色。故簡單地說，它是一部反映了社會現實的傳記體宗教詩歌集。

第三節　《密勒日巴大師全集》之研究現況

　　就宗教意義而言，《密勒日巴大師全集》有益於密宗白派對後世修行者的教化，因為它不但留下了傳承祖師的傳記，也為弟子們眾多的修行問題、提供了圓滿的解答。這樣特出的生命經歷〔註81〕與證悟妙境〔註82〕，給予後人一種強烈的信心、引發了精進修行的動力。儘管《密勒日巴大師全集》的重要性如此可見，但是研究它的資料卻不多。

　　由民國45年到89年的統計資料來看，《密勒日巴大師全集》尚未有專門的研究論文；一些重要圖書館的藏書中，也沒有關於這個主題的研究專書；

〔註80〕周延良著《漢藏比較文學概論》一書說：藏族封建社會文學起於公元 9 世紀，止於公元 20 世紀初。從公元 9 世紀 40 年代到公元 13 世紀 50 年代，是藏族封建割據時期。這時期的藏族作家文學，主要是為名人樹碑立傳，利用宣傳本教派的教義而擴散本集團的政治影響，企圖借助佛法統一人們的言行。鑒於此，學者思想活躍，著書立說，成為風氣，是作家文學的高峰期，如：《米拉日巴道歌》。中央民族大學出版社，1995 年 3 月第 1 版，第 1 次印刷，頁56。

〔註81〕傳記中提到：密勒日巴大師曾經過八次大苦行、無數小苦行，學習各種禪修法要之後，又住山靜修、並隨緣化育眾生。

〔註82〕《密勒日巴大師全集》第 15 篇，曾提到瑜珈修行者所感受到樂趣：「諸法所依之三寶，本來圓成光明中，無整明體自然住，何需祈禱外三寶？遠離唸誦及言詮，如是瑜伽甚樂哉！」，頁174。

而一般雜誌期刊上的論文、直接討論本主題的，目前也只有六篇，則爲（一）馮曉平之〈《米拉日巴道歌》的美學分析〉〔註83〕；（二）白瑪旺杰之〈《米拉日巴道歌》佛教哲學思想初探〉〔註84〕；（三）蔡芸之〈《密勒日巴大師全集》評介〉〔註85〕；（四）黃連忠之〈從《密勒日巴大師全集》論密勒日巴空慧與忍的修行〉上〔註86〕、下〔註87〕；（五）禪居訪問、綜合整理之〈千秋萬古一禪師──談《密勒日巴歌集》〉〔註88〕；（六）張澄基之〈《密勒大師全集》介紹〉〔註89〕。

不僅討論《密勒日巴大師全集》的資料很少，研究《密勒日巴尊者傳》的文章也不多，有五篇：（一）劉立千之〈《米拉熱巴傳》述評〉〔註90〕；（二）黎淑慧之〈《密勒日巴尊者傳》讀後〉〔註91〕；（三）東君之〈評《密勒日巴尊者傳》〉〔註92〕；（四）蓮花之〈談「評《密勒日巴尊者傳》」的謬誤〉上〔註93〕、下〔註94〕；（五）張晴之〈懺悔得安樂〉〔註95〕。由此可知，以密勒日巴大師的傳記與道歌集，爲研究對象的作者與文章很少，而這個現象，與台灣學界對西藏相關研究的熟悉度和偏好有關。

台灣學界對西藏相關學術的研究，隨著 1980 年密宗白派的創古仁波切來台，藏傳佛教開始造成廣大影響，間接地引起學者的注意。如本章第一節之內容所言，1980 年代初期，由於政治情勢改變、當政者被迫放鬆對宗教的嚴格管制，所以，許多藏人喇嘛與仁波切相繼來台灣弘法、常駐。因此，在宗教、文化、語言各方面，台灣社會都面臨了新的刺激，也連帶地引起學術人

〔註83〕收錄於《中國藏學》北京市中國藏學出版社，1994 年 11 月 4 期，頁 80～85。

〔註84〕收錄於《藏族哲學思想史論集》，北京，民族出版社，1991 年，頁 14～26。

〔註85〕收錄於《慧炬》雜誌，台北市，慧炬雜誌社，1982 年 1 月，211 期，頁 4～11。

〔註86〕收錄於《菩提樹》，台中市，菩提樹雜誌社，42 卷 6 期，總 499 期，1994 年 6 月，頁 23～26。

〔註87〕收錄於《菩提樹》台中市，菩提樹雜誌社，第 500 期，1994 年 7 月，頁 15～19。

〔註88〕收錄於《現代禪》，台北市，現代禪出版社，第 19 期，1990 年 7 月 1 日，版二。

〔註89〕收錄於《菩提樹》，台中市，菩提樹雜誌社，27 卷 3 期，第 315 期，1979 年 2 月，頁 38～41。

〔註90〕收錄於《西藏民族學院學報》，1985 年 2 月出版。

〔註91〕收錄於《慧炬》，台北市，慧炬雜誌社，193 期，1980 年 7 月，頁 13～22。

〔註92〕收錄於《內明》，香港新界，內明雜誌社，130 期，1983 年 1 月，頁 26～28。

〔註93〕收錄於《內明》，香港新界，內明雜誌社，132 期，1983 年 3 月，頁 29～31。

〔註94〕收錄於《內明》，香港新界，內明雜誌社，133 期，1983 年 4 月，頁 26～29。

〔註95〕收錄於《人生》，台北市，人生雜誌社，181 期，1998 年 9 月，頁 18～31。

士的注意。然而，對於此一新鮮的研究範圍，畢竟接觸的時間尚短，又有語言、文字等基本問題必須克服，所以研究的著作依然少見。

此外，就楊嘉銘先生《近十年來台灣地區的蒙藏研究（1986～1995）》一書的統計資料來看，台灣在 1986 年到 1995 年之間的藏學研究，可分爲研究專書、研究論文與翻譯作品三類，依研究主題來分別，則：（一）研究專書部分，共有 130 部書籍，以宗教類 38 部、歷史類 28 部與政治類 18 部最多；（二）研究論文部分，共有 366 篇，以政治類 101 篇、歷史類 87 篇與宗教類 70 篇、語言和藝術類各 29 篇最多；（三）翻譯的作品，共有 42 部，以宗教類 20 部與歷史類 8 部最多。我們可以看出：1986 年到 1995 年之間，學術界特別偏好政治主題的研究，其次是歷史與宗教類，而且這個階段的研究仍以單篇文章的發表爲主。

再依所研究的時代來分，則：（一）研究專書部分，總論性質的有 81 本、研究中共時期的有 25 本；（二）研究論文方面，總論性質的文章有 165 篇、討論中共時期的文章 89 篇、研究唐代的 35 篇、研究清代的有 32 篇、研究民國時代有 19 篇（三）翻譯的作品，以總論性質 27 本、翻譯中共統治時期著作 9 本最多。可見，台灣學界在 1986 年到 1995 年之間的研究，仍以總論性質的作品爲最多，而針對單一朝代的深入研究，則偏好關於中共統治下的各種題材，其次爲研究唐代與清代乃至於民國統治的相關問題。

因此對於《密勒日巴大師全集》這個主題的研究，受到學術界偏好政治與歷史類主題；重視總論與中共時期、唐代、清代與民國等研究時代這些影響，本來就比較缺乏研究者的注意。雖然宗教類的研究專書、論文與翻譯作品的數量，都算是最多的，但是這些作品卻多半傾向於：以寫作結構嚴謹、純粹傳授佛理的專書爲主，比方針對宗喀巴大師的《現觀莊嚴論金鬘疏》一書，陳玉蛟寫了〈宗喀巴現觀莊嚴論金鬘疏三寶釋義〉〔註96〕、〈宗喀巴「現觀莊嚴論金鬘疏」「大乘廿僧」釋義〉〔註97〕、《現觀莊嚴論》初探〉〔註98〕等文章。又有〈《菩提道燈難處釋》探微〉〔註99〕，還有張福成的〈阿底峽《菩提道燈》內容研究〉〔註100〕，和林崇安的〈止觀的實踐──兼評《菩薩道次

〔註96〕收錄於《華岡佛學學報》，第八期，1985 年 7 月，頁 425～444。
〔註97〕收錄於《中華佛學學報》，第一期，頁 181～182。
〔註98〕收錄於《中華佛學學報》，第二期，1988 年 10 月出版，頁 157～204。
〔註99〕收錄於《中華佛學學報》，第四期，頁 341～357。
〔註100〕收錄於《中華佛學學報》，第六期，1993 年 7 月出版，頁 329～349。

第廣論》的奢磨他及毗缽舍那〉〔註101〕。

所以我們知道：《密勒日巴大師全集》這個主題，仍然有著極大的研究空間。而且對於這樣一部兼有宗教意義與傳記性質，又情節奇特、介紹實修實證楷模的文學作品，其研究的角度是多面的，可研究的主題是豐富、多樣的，當然，趣味性也是多重的。

而目前對於西藏學術的研究，仍以大陸學者們所擁有的文物材料最多，研究學者也最多，比方：韓儒林、聞宥、任乃強、王沂暖、王森、于道泉、王堯、于式玉、李安宅、黃明信、金鵬、柳陞祺、吳豐培、釋法尊、劉家駒、莊學本等人。而大陸所設立的藏學研究機構也最多，例如西元 1949 年以後，北京成立的中央民族學院，還有西藏大學的建立，西藏社會科學院的組建，中央民族學院和西北、西南、青海等地的民族學院及社會科學院，也招收、培養藏學專業研究生〔註102〕。

據王堯先生所說：西元 1986 到 1996 年之間，大陸成立的新研究機構，如中國藏學研究中心、中國藏語系高級佛學院、四川國外藏學研究所、四川藏學研究學會、甘肅省藏學研究所、中央民院（升格為中央民族大學）藏學系等。尤其是中國藏學研究中心，其根本宗旨為：

> 研究以西藏為主包括其他藏區在內的政治、經濟、歷史、社會、語
> 言、文化、宗教等方面的問題，培養藏學研究人才，組織協調藏學
> 研究工作，開展國際學術交流，繁榮和發展藏學事業。

這些機構發行了叢書、刊物，如《西藏研究》、《西藏民族學院學報》、《中國西藏》等。《中央民族學院學報》、《西北民族研究》、《西北民院學報》、《青海民院學報》等，都刊發了一定數量的藏學文章，又有「西藏知識小叢書」系列的小型專書，《西藏研究論叢》等專輯，而更多的是個人專集與專書，如語言、文字方面，有張怡蓀主編之《藏漢大辭典》〔註103〕，格桑居冕的《實用藏文文法》等；歷史宗教方面，有藏文翻譯書籍，如《青史》、《紅史》、《西藏王統記》、《土觀宗派源流》、《雅隆尊者教法史》、《印度佛教史》、《安多政教史》等。學術著作，如：《藏族史略》、《蒙藏民族關係史略》、《吐蕃文化》、

〔註101〕收錄於《國立政治大學民族學報》第 22 期（1996），頁 161～167。

〔註102〕此段參見王堯《水晶寶鬘——西藏文史論集》一書，頁 516～518。

〔註103〕此書藏漢雙解，收詞目五萬三千餘條，是目前國內外收詞最多、部頭最大的百科全書式的藏語文工具書，深受國內外藏學界的歡迎。（此說參見王堯《水晶寶鬘——西藏文史論集》一書，頁 523～524）。

《宗喀巴評傳》、《藏傳佛教思想史綱》、《西藏佛教發展史略》〔註104〕、《藏傳因明學》、《任乃強民族研究文集》、《李安宅藏學研究文選》等。

文學方面的研究，1986 年、四川民族出版社出版的《藏族文學史》，可說是這領域的總結性成果。還有《格薩爾研究集刊》的出版，使許多優秀論文得以問世。在敦煌吐蕃文獻的研究方面，有王堯的《吐蕃金石錄》，王堯與陳踐的《敦煌本吐蕃歷史文書譯註》，陳踐的《敦煌吐蕃文獻選》、《吐蕃簡牘綜錄》、《吐蕃醫學文獻釋讀》等。藏醫學及藏族科技研究方面，有一定數量的論述問世。政治、經濟方面的研究，在 1986～1996 年間，得到大力加強，不惟碩果累累，而且，有些是國家級的重要研究計劃，如：中國藏學中心的《中國國情叢書、西藏卷》、《青康藏高原環境與發展》、《迪慶藏族社會史》、《果洛藏族社會》等。

因此，若論及對西藏學術全方面的研究，目前，大陸藏學界有最豐富的材料、許多研究學者與研究機構。就學術交流的觀點而言，這是值得引以為重點的參考與依據，再加上原有的各方面學術研究素養，相信研究內容會更深入、成果會更豐碩。

〔註104〕王堯先生說：這是中國第一部全面、詳實地以史料求證，運用歷史語言學方法研究藏傳佛教史的傑作。（參見王堯《水晶寶鬘——西藏文史論集》一書，頁 525～526）。

第二章　藏族文學之發展簡史

第一節　佛教傳入前之藏族文學

　　就社會學的角度來看，宗教是社會結構的一部份，它由社會自身所創造，卻又成為社會的重要部份。宗教以神聖的方式，表現了社會或團體（如：部落、氏族），它的圖騰正如今日的旗幟一樣，標誌著該社會或團體的合法性、價值觀與理想。而人們對宗教的崇拜，造成了人際關係的整合作用，因而鞏固了社會與團體的基礎，加強了團結的力量。此外，宗教的制度、儀式與教規等，在人們的心中製造了幻想美、象徵美與心靈美等三種美感功能〔註105〕，因此宗教強烈的影響著社會的穩定度與風俗特色。而社會的所有變動，對足以反映社會現況的文學作品而言，又具有最基本的影響，這也是人類文明中緊緊相扣的環節。

　　宗教對於西藏社會與文學，當然也具有重要的影響。佛教在西藏的傳播，對於藏族社會與文學發展所產生的刺激尤其重要。因為佛教傳入西藏之後，既取代了遠古時代就存在的本教，成為人們最虔誠信仰的宗教，也豐富了文學創作的題材〔註106〕，轉變了作品的思想與內容〔註107〕，並深深影響創作的

〔註105〕參見黃寬重與柳立言等編著之《中國社會史》，國立空中大學用書，中華民國
　　　　85年初版，頁262～282。

〔註106〕有一些佛經通過故事、寓言、神話等方式宣傳佛教觀點，而這些故事有不少是
　　　　來自印度民間，經過西藏譯師們流暢優美的文筆、翻譯成藏文，為西藏的學者
　　　　與佛教徒所熟悉、也受到人們的喜愛，因此有很多作者直接將佛經中的寓言、
　　　　故事與神話等放在作品中，作為典故引用或譬喻、注釋，藉此說明自己的觀點

文體〔註108〕與寫作技巧〔註109〕。然而，在佛教傳入西藏之前，據《土觀宗派源流》引用西藏古代的史料說：從聶赤贊普（gnyá-khri btsan-po，第一代贊普）開始，一直有二十六代贊普都以本教治國。

本教（Bon）是佛教傳入之前早已存在的古老土著宗教，其創始者是兩千多年前，誕生於西藏古象雄俄摩隆仁的辛饒米保切（又稱辛若普，gshen rab，意思是最高的辛〔註110〕）。在他之前，青康藏高原普遍存在著各種原始巫教，即「本」，如：「天本」——崇天，代表整個自然力量的意象概念；「贊本」——崇贊，本教古籍中主宰人間的神。辛饒米保切以原有的本教為基礎，吸收了達瑟（古波斯）等部族的文化，創造了具有獨特理論和儀軌的宗教，即雍仲本教，開始了本教由自然宗教向人為宗教、原始宗教、一神教的過渡，再經過木卻德周、六莊嚴等人的努力，本教由發源的象雄向吐蕃、孫波、天竺等地區傳播〔註111〕。

在吐蕃王朝以前，本教歷經「篤本」和「恰本」兩個發展階段。「篤本」時期約出現在吐蕃第一代贊普——聶赤贊普時代，正是原始社會向階級社會發展的過渡時候。當時的本教崇拜光明、日、月、天、地、山、川、雷、電、

或哲理（參見《西藏文學史》，文殊出版社，中華民國 76 年 3 月初版，頁 354）。

〔註107〕 西藏有名的歷史文學著作，大都出自佛教徒之手。他們都是歷史上有名的學者，也是寺院中的活佛喇嘛，他們長期受佛教思想的薰陶，出世思想、因果輪迴報應的觀點，宣揚對佛菩薩的信仰等，必然在他們的作品中反映出來，而佛經文學作品，自然成為他們創作的學習借鑑，因此，作品中不可避免的蒙上宗教色彩，如：噶瑪噶舉派之巴渥·祖拉陳哇仁波切所著的《賢者喜宴》一書（參見文殊出版社《西藏文學史》，頁 352～353）。

〔註108〕 佛經文學中普遍採用的詩文並用的體裁，在西藏文學作品中得到了廣泛的運用。如：八大藏戲的文學本、長篇小說《鄭宛達瓦》，歷史文學著作《西藏王統記》、《賢者喜宴》等，都採用詩文並用的體裁。此外，宣傳哲理的格言詩在西藏文學中也得到了很大的發展，第一部運用這種體裁的書籍就是薩班·貢噶堅贊的《薩迦格言》。（參見文殊出版社《西藏文學史》，頁 356）

〔註109〕 以顯現神通力作結尾，是佛經故事常用的描寫手法，如《囊薩雯波》中，喇嘛釋迦堅贊顯神通，使傷者復元、死者復活，並且移動山脈、飛上天空等情節，這樣的技巧被文學作品吸收。此外，通過佛經的翻譯，吸收了大量的佛教詞彙與借詞，豐富了藏族語文，如：「佛」、「極樂世界」、「卓瑪（度母）」（參見文殊出版社，《西藏文學史》，頁 357）。

〔註110〕 參見李冀誠《西藏佛教密宗》，北京，今日中國出版社，1989 年 12 月第 1 版，1990 年 4 月第 1 次印刷，頁 3。

〔註111〕 參見才讓太〈試論本教研究中的幾個問題〉一文，收錄於《中國藏學》1988 年 3 期。

冰雹、水、火及動物等，如：進行農耕時崇拜獼猴，放牧時崇拜犛牛。這樣的信仰帶有原始社會圖騰崇拜的性質，正像世界上各宗教發展的原始雛形，仍然處於萬物有靈的階段。

「恰本」階段又可分為前、後兩期，前期「恰本」約始於第八代贊普——止貢贊普（gri gum btsan po）時期，當時吐蕃已進入使用銅器與鐵器的時代。本教的發展具有兩個特色：（一）出現了代替神靈意志、溝通人與神關係的巫師，他們為人占卜、治病、祈福、禳災、趨役鬼神等，成為藏族社會中最早從事腦力勞動的特殊分子；（二）產生祖先崇拜，贊普死後、開始興建陵墓，以至於葬儀成為本教一項極為重要的宗教活動。

後期「恰本」約起於公元六世紀左右，正值第三十代贊普——達布聶賽（stag bu sny gzigs）在位，當時吐蕃地區完成了原始公社向階級社會的過渡，奴隸制度已經確定，本教也隨之由自然崇拜的自然宗教，演變成為人為宗教，充當奴隸主階級的統治工具。比方：贊普即設有「御前本教師」，不僅念經、祈禱，而且主持各種場合、盟誓、祭祀、葬儀等活動，具有獨尊的政治身分〔註112〕。

本教的宗教儀式，隨著理論、儀軌的改進與時代的演變，不僅越加複雜，而且更趨向於殘酷，除了以動物血供之外，還曾經以人為血供的對象，力圖用血腥、恐怖的宗教儀式與氣氛，來達到震懾與威嚇的目的〔註113〕。可以說，本教不僅普及民間，為多數藏人所信奉，而且在政治上極為活躍，左右贊普的決策、影響軍國大事，成為吐蕃地區佔有統領地位的宗教。

因此在佛教傳入西藏之前，本教的影響力籠罩著吐蕃、第一代贊普到三十代贊普統治下的青康藏高原。上自天子、下至庶民，都將祭祀、葬儀、禳災、祈福等當作日常生活的重要活動，這不僅造成經濟方面龐大的負擔，也使得人們的心靈飽受恫嚇。在這種血腥、迷信的宗教思維影響之下，人們對於自然界與自身的理解，就存在著蒙昧的認知狀態。而就目前所見到的資料來看，這個時期的文學作品，主要是以詩歌與散文形式流傳在民間的神話。這些神話反映了古代西藏先民對世界之起源、大自然現象與社會生活的原始理解。可以大致分為三類，則為：關於大自然的神話、關於人類起源的神話、與關於民生的神話三者。分述如下：

〔註112〕參見格勒、祝啟源著〈藏族本教的起源與發展問題探討〉一文，收錄於《世界宗教研究》1986 年 2 期。
〔註113〕參見東噶.洛桑赤列《論西藏政教合一制度》，郭冠忠、王玉平譯。

（一）關於大自然的神話

天地萬物的形成，是世界各地區、各民族人類共同的疑問，藏族遠古神話中也有，比方：發問兼口答形式的詩歌——「杭育杭育歌」〔註114〕：

問：

最初斯巴〔註115〕形成時，

天地混合在一起，

請問誰把天地分？

最初斯巴形成時，

陰陽混合在一起，

請問誰將陰陽分？……。

答兼問：

最初斯巴形成時，

天地混合在一起，

分開天地是大鵬，

大鵬頭上有什麼？

最初天地形成時，

陰陽混合在一起，

分開陰陽是太陽，

太陽頂上有什麼？……。

由問答歌的格律來看，詩歌的結構是整齊的七言句式，可能是：後人根據原始時代、口耳相傳的神話所編唱的。這類神話表現出人類對宇宙、天地的好奇，是人類處於混沌時期天真爛漫的幻想。另外有一首「斯巴宰牛歌」〔註116〕：

問：

斯巴宰殺小牛時，

砍下牛頭放哪裏？

我不知道問歌手；

斯巴宰殺小牛時，

〔註114〕收錄於丹珠昂奔所著《佛教與藏族文學》一書，中央民族學院出版社，1988年12月第1版第1刷，頁11。

〔註115〕斯巴——藏語音譯，此處為「世界」、「宇宙」之意。

〔註116〕參見《西藏文學史》一書，頁15～16。

割下牛尾放哪裏？

我不知道問歌手；

斯巴宰殺小牛時，

剝下牛皮放哪裡？

我不知道問歌手。

答：

斯巴宰殺小牛時，

砍下牛頭放高處，

所以山峰高聳聳；

斯巴宰殺小牛時，

割下牛尾栽山陰，

所以森林濃郁郁；

斯巴宰殺小牛時，

剝下牛皮鋪平處，

所以大地平坦坦。

這首詩中的「斯巴」，以一個高大的牧民或者神的形象出現，他主宰著大地、山岳、森林等大自然景觀的形成。全首歌展現的是牧民的生活氣息，用類比的手法，將大自然的一切與牛的身體特徵聯想在一起，反映了人類發展到畜牧業時代的思想型態。當時的人們認為眼前所見的一切，都來自於一個真有形軀的主宰者的創造，這樣的思維已經具備了一神信仰的雛形。

此外，對高原上的山川、湖泊，也有很多美妙動人的神話。比方：以喜馬拉雅山珠穆朗瑪峰為首的五座山峰，是五個姊妹，叫做「長壽五仙女」〔註117〕。翠顏仙女是珠穆朗瑪峰的主神，她掌管人間的「先知」神通；吉壽仙女掌管人間的福壽；真慧仙女執掌農田耕作；施仁仙女執掌畜牧生產；冠詠仙女掌管人間財寶。她們姊妹五人亭亭玉立，長年在世界屋脊之上傲戰風雪、俯視人間眾生、關心黎民疾苦、不辭辛勞，博得人們的敬愛與景仰。

這樣的神話特別富有高原地方色彩，她們以璀璨的想像把大自然人格化，讚頌了高原的自然景色，並表達人們生命所求的圓滿願望。神話中也有關於動物特徵的想像詩歌，如「斯巴宰牛歌」〔註118〕：

〔註117〕參見《西藏文學史》一書，頁18。
〔註118〕參見《西藏文學史》一書，頁19～20。

問：

斯巴宰殺小牛時，

丟了一塊鮮牛肉，

偷肉毛賊是哪個？

我不知道問歌手；

斯巴宰殺小牛時，

丟了一塊白牛油，

偷油毛賊是哪個？

我不知道問歌手；

斯巴宰殺小牛時，

丟了一些紅牛血，

偷血毛賊是哪個？

我不知道問歌手。

答：

斯巴宰殺小牛時，

丟了一塊鮮牛肉，

竊賊就是大公雞，

不會偷竊頂頭上；

斯巴宰殺小牛時，

丟了一塊白牛油，

竊賊就是花喜鵲，

不會偷竊貼肚上；

斯巴宰殺小牛時，

丟了一些紅牛血，

竊賊就是紅嘴鴉，

不會偷竊粘嘴上。

這些神話，展現了西藏古代先民對所處環境的好奇心與求知欲，大到天地山川、小至雞冠鳥喙，他們都產生極大的興趣。而歌中所提出的問題，也有風趣的答案，可以見出藏民族如兒童一般天真活潑的聯想能力。這些作品很可能是西藏神話中比較早期的產物。

（二）關於人類起源的神話

人類的起源，是世界各國人民對自身感到好奇的共通主題。西藏地方就廣泛流傳著一則獼猴變化成人的神話：據說在很久遠的年代裏，西藏山南地區雅隆河谷的窮結地方，氣候溫和、山林森密，山上住著一隻獼猴，這隻獼猴與岩羅刹女結爲夫妻，生了六隻小獼猴，老猴將他們送到果實豐茂的樹林中生活。三年後老猴再回去探望，已經繁衍出五百多隻小猴了，因爲食物不夠，猴子們互相爭奪、有的吱吱悲啼，老猴見狀十分不忍，於是帶領他們到一處長滿野生穀類的山坡，後來，猴子們吃不種而收的野穀，身上的毛慢慢變短，尾巴也漸漸消失，以後又會說話，遂演變成人類〔註 119〕。

本教的書籍，也記載了世界與人類的起源：很久以前，南喀東丹卻松國王有五種本原物質，法師赤杰曲巴把它們收集起來放入他體內，輕輕說聲「哈」，就有了吹動的風，風猛烈的旋轉就生出了火，風助火、火乘風，熱的火與涼的風生出露珠，露珠上的浮物落下形成山。這五種本原物質又生了兩個卵，亮的像犛牛，暗的是錐形。赤杰曲巴用光輪敲發亮的卵、產生火光，向上射去的火光在空中形成托賽神（散射神），向下射去的火光形成達賽神（箭神），卵的中央產生了現實世界的國王什巴桑波奔赤。

從五種本原物質中產生的雨和霧，形成了海洋，風吹拂著海面，一個閃著藍光的卵上，附著一個蓬形的水泡。水泡碰碎之後，出現了一個青藍色的女人，桑波奔赤國王叫她曲堅木杰嫫。他們兩個沒有點頭、沒有碰觸對方，生下了畜類、野獸與飛禽，他們碰觸鼻子、結合了，生下九兄弟九姊妹。九兄弟分身出九個姑娘做自己的妻子，九姊妹分身出九個年輕人做自己的丈夫，在以後的分工中，就有了人類的祖先〔註 120〕。

獼猴變成人類的神話，屬於先民很原始的聯想方式，這是各民族在經歷共同的生活經驗，仔細觀察自身與外境之後，所產生的共通思考。而本教書籍中的神話故事顯然是比較後起的，因爲，神話中帶有強烈的爲宗教服務特性，顯而可見的是，它將一個人間王者的出現加以神化描述。其中，巨卵的觀念來自於本教相當獨特的看法，因爲，在本教的思想中認爲巨卵是神與惡魔的最初起源。不過，關於對世界形成的剖析，則可看出：探究物質之基本元素的深入思考，已經脫離純粹想像的思維模式，產生了細膩觀察分析的研究態度。

〔註 119〕參見《西藏文學史》一書，頁 22。
〔註 120〕參見《佛教與藏族文學》一書，頁 13～15。

（三）關於民生的神話

青稞種子的來歷，是最具地方色彩的神話。藏族相傳古代有一位阿初王子，他為了要幫助人們得到糧食，帶著隨從、翻山越嶺去向蛇王討青稞種子。後來在山神的幫助之下盜來種子，卻被蛇王發現，懲罰他變成一隻狗，直到他得到一個土司〔註121〕三姑娘的愛情，才恢復了人身。在他們辛勤的播種之下，大地長滿了青稞，人們才用黃燦燦的青稞磨成糌粑，因為人們當初只看見狗撒下青稞種子，所以為了感謝狗帶來青稞，人們每年吃新青稞磨成的糌粑，都先捏一團給狗吃。

這則神話，不但展現了人類與不可知力量抗衡的勇氣，還描述了一個為藏民族奉獻、謀福利的英雄形象，同時也解釋西藏人在生活上的習俗由來，具有多重的意義。它的情節正反映出在遠古時代，狗成為家畜之後，生活捕獵的過程中、無意間由山野帶回野生植物的種子，為人類發現的過程。

「神話」，真實而簡單、直接的反映著人們對於生活所及的一切，所產生的好奇。由好奇觸目所及的天地萬物，產生了大自然神話；再由好奇身為觀察者的自己，去探討人類的起源；對於類以維生的糧食，也產生一番好奇心。因為懷疑所有的一切，產生了想像；不管是觀察外境或思考人之所以存在的淵源，而產生了聯想。所有的因素，都使一個位處高原的民族，自成一格的形成自己獨有的神話內容與特色。這也顯示出佛教傳入西藏之前，在原有的宗教、社會與文化的影響之下，藏民對整個生活圈最初的看法。

第二節　佛教傳入後之藏族文學

一般而言，處理「佛教傳入西藏」這個主題的說法，大多將西藏佛教的發展分為前弘期與後弘期〔註122〕，這兩個時期的區分，大多以九世紀中葉所發生的朗達瑪（glang dar-ma，約838～842A.D.在位）毀佛事件〔註123〕為界限。前弘

〔註121〕王繼光著之《安多藏區土司家族譜輯錄研究》一書說：土司——為元明清三代在安多地區（包括今甘肅南部、河西走廊、青海高原及四川西北的安多藏區，即一般藏學者所稱的東藏方言區，是與我國中原地區西北鄰接的少數民族聚集區）設立的一種特殊政治體制，主要目的是由當地有才能、有勢力的人物來治理政務。北京，民族出版社，2000年8月第1版第1刷，頁1～2。

〔註122〕此說參見矢崎正見所著、陳季菁所譯之《西藏佛教史》一書，文殊出版社，中華民國75年10月初版，頁126。

〔註123〕石碩所著之《吐蕃政教關係史》一書說：學術界通常認為達磨（朗達瑪）實

期的藏傳佛教發展，由最初的文物傳入，經過松贊干布等贊普的推動，一直到朗達瑪毀滅佛教的事件發生；後弘期的藏傳佛教，由仁欽桑布〔註124〕復興密教開始，再經過阿底峽尊者〔註125〕的弘傳，與宗喀巴大師的改革〔註126〕，成為一個完整的發展過程。

　　根據李冀誠與丁明夷先生所著的《佛教密宗百問》一書所言，佛教最早傳入西藏是在公元五世紀左右，拉脫脫聶贊（Iha tho do snyan btsan）在位的時期。當時已經有印度密宗的文物傳入西藏，比方：舍利寶塔與「六字真言」——嗡嘛呢叭彌吽。但是，當時藏族仍未有文字、藏王也不識梵文，因此將這些文物稱為「寧保桑瓦」（秘要之意），只是把這些東西供養著，並沒有發揮作用。也可以說，此時的藏族仍未具備接受佛教傳入的條件。

　　佛教真正在藏族社會紮根，始於吐蕃第三十二代贊普——松贊干布〔註127〕（srong-btsan sgam-po，617～650A.D.在位）之時。松贊干布在軍事方面饒富英才，統一了西藏高原諸部落之後，對國家內政也多所建樹，其中，最重要的政績是命令吐彌桑布札（thon-mi san-bho-ta）等十六人，出使到印度去學習，他們以梵文為基礎，創造了藏文字母，並且翻譯佛經。藏文的創造，是藏民族接受佛教的重要原因。此時，各部族統一的藏族社會，需要一種滿足中央集權要求

　　　　行毀佛的時間在西元842年前後，毀佛的作為主要有1.迫令僧人還俗，對不願還俗者、強迫他打獵殺生2.封閉寺院或撤毀寺中佛像3.封存或焚毀佛經，並流放和驅逐眾班智達與譯師。四川人民出版社，2000年8月第1版第1刷，頁332。

〔註124〕仁欽桑布——（仁欽桑波，rin-chen bzang-po，958～1055A.D.）相傳曾先後跟隨75位班智達學法，又延請印度僧人至西藏阿里地區傳法，並合作譯經。藏僧認為，從他開始才將密教與佛家理論相結合，因此藏人稱他與他之後的譯師所譯的密教典籍為「新密咒」（參見王森《西藏佛教發展史略》頁31～32）。

〔註125〕阿底峽尊者——（a-ti-sha，本名Dipa mkarashrijnāna，982～1054A.D.）在摩羯陀地方超岩寺任上座，是寺內幾個重要人物之一。1042年由尼泊爾到西藏阿里，住三年，著《菩提道燈論》等書，協助仁欽桑布翻譯顯密經論，並為阿里僧人講解顯教經論，傳授密法灌頂，特別注重在闡明業果、宣傳皈依，故時人稱他為業果喇嘛。（參見王森《西藏佛教發展史略》頁32～33）。

〔註126〕宗喀巴大師的改革，是站在一個佛教徒的立場，以維護佛教的社會影響與僧人的名譽地位為目的，針對當時某些教派那些享有特權、佔有農奴、追逐利祿、生活淫靡、虐害人民的僧人，在社會上引起的強烈不滿而發。他所用的方法是依據佛教經典，提倡遵守佛教戒律、闡揚顯密關係、規定學佛次第，以及據此而制定僧人的生活準則、寺院的組織體制、僧人的學經程序、是非標準等。（參見王森《西藏佛教發展史略》頁184～185）

〔註127〕參見王森《西藏佛教發展史略》頁22；頁1～13。

的宗教，而遠古就存在的本教，強調部落神與地域神，很容易分散百姓對中央政府的服從心態，因此本教被取代是一個客觀的歷史發展狀況。而松贊干布與鄰國公主——尼泊爾墀尊公主〔註128〕與大唐文成公主〔註129〕的聯姻，使得印度系佛教與中國系佛教〔註130〕分別傳到西藏，奠定了佛教發展的基礎。

　　松贊干布以後的兩代贊普——芒松芒贊（mang srong mang btsan，650～676A.D.在位）與都松芒波結（vdus srong mang po rjc，676～704A.D.在位），都將治國的主要精力放在對外鄰的武力擴張方面，以王室為首而扶植佛教的勢力轉而薄弱。而且松贊干布死後，本教勢力趁機再抬頭，直到墀德祖贊（khri lde gtsug btsan，704～755A.D.在位）繼位，情況才轉變。墀德祖贊與唐王室的金城公主聯姻，兩人極力促成唐代與吐蕃的文化交流，在儒學、醫學、技藝、音樂等方面都產生極大的影響。在這個時期，佛教才真正開始傳播與發展。

　　墀德祖贊之後，墀松德贊（khri srong lde btsan，755～797A.D.在位）年幼即位，直到成年才掙脫反佛教大臣的勢力掌控。他派人到印度延請寂護（Santaraksita，zhi-batsho，或譯為靜命）入藏傳法，接著又請蓮花生大士入藏。蓮花生大士不但以咒術制服了本教徒，廣譯顯密典籍並傳播密法〔註131〕，而且與寂護共同籌建佛寺，約西元 799 年之時，完成了西藏佛教史上著名的寺廟——桑耶寺，並建立比丘〔註132〕與比丘尼〔註133〕制度，又派弟子到印度

〔註128〕墀尊公主——khri-btsun 尼泊爾國王盎輸伐摩之女，虔信佛教，帶了不動佛像、彌勒菩薩像、度母像等入藏，又主持修建大昭寺等。（參見李冀誠《西藏佛教密宗》一書，頁8）。

〔註129〕文成公主——篤信佛教，帶釋迦牟尼像入藏，又主持修建小昭寺。（參見李冀誠《西藏佛教密宗》一書，頁8）。

〔註130〕此分系之說，參見聖嚴法師《西藏佛教史》一書，所謂印度系：「西藏佛教的系統是屬於印度晚期的大乘密教，密教之特受西藏民族所歡迎者，則由於西藏原有棒教（本教）的基礎。」（頁28）；「中國系的是迄中期大乘為中心的大乘顯教」（頁23）。在佛教傳入之初期雖然有此二系，但不久，中國系則自西藏退出，只有印度系佛教一枝獨秀。

〔註131〕李冀誠等《佛教密宗百問》一書說：蓮花生大士翻譯了法稱的《金剛界曼陀羅等密教要點》、無垢友的《集密幻變修部八教經論》等；還曾向赤松德贊與王妃等人傳授蓮花馬頭明王法、金剛橛等密法。蓮花生是第一位進藏傳授密教修法的密宗大師。頁33。

〔註132〕第一次受戒的西藏貴族青年有七人，後世稱為「七覺士」，較著名的是：意希旺波、貝揚、毗盧遮那等，這是藏人出家之始。（參見王森《西藏佛教發展史略》頁10～11）

〔註133〕墀松德贊的一位妃子沒盧氏，還有其他貴族婦女約30人，隨漢僧摩訶衍（一般材料中稱大乘和尚）受戒出家為尼。（參見王森《西藏佛教發展史略》頁11）

留學，延請傳播密宗的無垢友（vimalamitra）與法稱（dharmakírti）等人入藏傳法，培養譯經人才等，此時佛教才得到穩定的發展。

　　西元 797 年墀松德贊死後，長子牟尼贊普（mu-ne btsan-po，約 797～798A.D.在位）繼位，仍然奉行他父親發展佛教的政策。墀德松贊（khri-lde-srong-btsan，牟尼贊普之弟，約 798～815A.D.在位）即位後，也執行其父親發展佛教的政策，而他之所以能繼位，是因為得到有勢力的僧人與一部份大臣的擁戴，因此他重視僧人，造成僧人干預吐蕃政事的先例。西元 815 年，墀德松贊第五子——墀祖德贊（khri-gtsug-lde-btsan，約 815～838A.D.在位）繼位，完成統一佛經譯例的工作，校改了前此所譯的經論，仍繼續大量譯經。但是從他開始，譯經以梵譯藏為主、內容以顯教經論為主，對密教經典也加以限制。在他掌政的時期，佛教的發展達到最盛。墀祖德贊對僧人的恭敬供養，做到了極端佞佛的地步〔註 134〕，連內外軍政大權也交給親信的僧人執掌〔註 135〕，引起貴族與人民的反對。墀祖德贊被刺殺之後，這也成為他的兄長——朗達瑪毀佛的重要因素〔註 136〕。

　　吐蕃王朝結束於朗達瑪遇刺身亡事件〔註 137〕的發生，晚期幾代贊普皆遭橫死命運，表明了統治階級內部的矛盾與鬥爭越演越烈。在中央統治權鬆動、搖晃的情況下，吐蕃王朝一向用來統治各地部族的武裝力量隨之消弱，地方各家族派系也產生衝突，因此各地的戰亂情況不斷發生，持續了二十多年。尤其衛藏地區，在朗達瑪的兩個兒子——永丹（yum-brtan）與斡松（od-srong）成年前後，環繞著他們兩個人的貴族集團，更是不斷混戰。大約在西元 9 世紀末，斡松的後人被永丹的後人（建立拉薩王系）驅逐到後藏西部（建立雅隆覺渥王系）與阿里（mnga'ris，建立古格王系）一帶，戰亂平息之後，社會也逐漸安寧，統治者因而借用佛法來安定民心，維持政治穩定的氣氛，遂有

〔註 134〕李冀誠《西藏佛教密宗》一書說：相傳墀祖德贊曾在頭髮上繫兩條長絲巾，下端數於僧座、令諸僧坐於其上，因此他又被稱為「熱巴堅」，意為長髮人；他還以贊普的身份常常向僧人下跪。頁 28。
〔註 135〕墀祖德贊將政治實權交給僧人——缽闡布貝吉雲丹來掌管，稱他為「國政蕃僧」，並使其地位高於其他大臣。（此說參見李冀誠《西藏佛教密宗》一書，頁 28）
〔註 136〕此說參見王森《西藏佛教發展史略》頁 15～18。
〔註 137〕王森《西藏佛教發展史略》說：842 年，有一個修定的僧人——拉隆貝吉多吉，聽說了毀佛的情況，就懷藏弓箭、暗殺朗達瑪、趁亂逃脫。此後，吐蕃則迅速陷入混亂與分裂，統一的政權從此瓦解。頁 18。

仁欽桑布對佛教的復興工作，與阿底峽尊者在佛法上的傳授。

其中，阿底峽尊者的弟子種敦杰微迴乃（brom-ston rgyal-bai-byung，1005～1064A.D.，簡稱種敦）最能繼承他的教學。1056 年，種敦於現在拉薩的北方建立熱振寺，形成噶當派，這是藏傳佛教區分各大、小派的歷史開端。此後，又有更多的教派成立，比方：1073 年之後薩迦派創立、1098 年以後噶舉派創立。直到 1409 年以後，宗喀巴大師創立格魯派，並大力改革了藏傳佛教，同時藏傳佛教各派分立的局面告一個段落，才完成了佛教在西藏的流傳與演變過程〔註138〕。

佛教在吐蕃王朝時期的演變，既歷經了與本教的衝突、高度興盛，又深度涉入政治，再因為政治勢力的分立，而產生各個依靠政治勢力而壯大的教派〔註139〕。在佛教傳佈顯得如此複雜、傾向於政治，導致後來「法王制」〔註140〕的形成，這種種多變的背景影響下，可以發現：佛經文學隨著佛教在社會上的興盛與發展，漸漸地深入影響到藏族文學，而它的影響分為兩個方面：一為對文學作品的影響；二為對文學理論上的影響。

佛教傳入、同時帶來了印度的文化色彩，因此除了前一個時期的口頭文學作品，如：神話被文字紀錄下來之外，還產生了一些受到佛經文學與印度文化影響的作品，可大分為三類：

（一）詩歌——又分三類

1. 格言詩

由佛經的流傳而輾轉帶入西藏的格言詩，有龍樹大師所著的《百智論》98 首、《修身論智慧樹》216 首、《修身論眾生養育滴》86 首，尼瑪白巴著的《頌藏》141 首，卻色著的《百句頌》106 首，遮那伽著的《修身論》254 首，摩蘇羅舍著的《修身論》131 首等。這些格言的主旨，在於宣揚佛教教義，

〔註138〕此說參見王森《西藏佛教發展史略》頁 33～185。

〔註139〕姚麗香〈藏傳佛教在台灣發展的初步研究〉一文說：「唯一沒有淪落為氏族之工具的噶瑪噶舉派，其教團領袖的繼承方式乃採用 "活佛轉世制" 免於教團聽任一氏族之擺佈，使得噶瑪噶舉派形成宗教意識強烈的教團。」頁 3。

〔註140〕矢崎正見之《西藏佛教史》一書說：「達賴喇嘛的第一代法王為西藏宗教改革者，也就是黃帽派之祖——宗喀巴的高足——根敦主巴，經第二代根敦嘉措到第三代索南嘉措，於十六世紀末由蒙古王俺答汗授以達賴喇嘛持金剛之尊號。其後，第五代的羅桑嘉措也同樣被蒙古王固始汗賜以西藏的主權，自此掌握政教兩權的法王制正式產生。」頁 107～108。

告訴人們做人的道德準則，規勸人們揚善棄惡的觀念。而這些格言，涉及了倫理思想、道德觀念等修養問題，也促發了藏族格言詩的創作，比方：薩迦班智達貢噶堅贊（公元 1182～1251 年）著《薩迦格言》457 首，班欽索南扎巴（公元 1478～1554 年）著《格丹格言》125 首，貢唐丹貝卓美（公元 1762～1823 年）著《水樹格言》，米龐嘉措（1846～1912）著《國王修身論》等。

2. 抒情詩

在藏譯的印度文學作品中，有許多短小的抒情詩，最具有代表性的，是收錄於《丹珠爾》〔註141〕聲明部中的〈雲使〉一詩。〈雲使〉是印度詩人、劇作家——迦梨陀娑（公元前四到五世紀人，藏譯之名為納茂枯）的著名抒情詩篇，大約在十三世紀翻譯成藏文。描寫的是一個被主人財神貶到南方山中的藥叉（印度神話中的一種小神，他們是財神的侍從），他託北上的空中雲雨帶信件給妻子，敘述心中強烈的思念之情。詩中纏綿悱惻的感情與新穎豐富的想像，為最大的特色，這也是它給予藏族文學最特殊的刺激，使藏族文學中表達情感的作品，都帶有豐富的想像色彩。

3. 敘事詩

藏文典籍中，流傳較廣而最有影響力的印度敘事詩有三部：〈羅摩衍那〉〔註142〕、〈菩薩本生如意藤〉〔註143〕與〈佛所行贊〉〔註144〕等。以〈菩薩本生如意藤〉為例，這 108 品的故事中，最膾炙人口的有：獅子救商人、自己化為灰燼的故事，義成太子入海取寶的故事，諾桑本生故事，雲乘本生故事等。這些涉及佛教思想的文學作品，傳入西藏之後、為人們所喜愛，更進一

〔註141〕丹珠爾——為藏文大藏經中的一部份，意為論部，即佛教徒對佛經的注疏論著，包括經律的闡明和注疏、密宗儀軌和五明雜著等，有書 3461 種（德格版），各種版本所收種數不盡相同。（參見文殊出版社，《西藏文學史》頁304）

〔註142〕羅摩衍那——作者為蚊蛭仙人，流傳於公元前二世紀左右，共七部份，約兩萬四千頌。記載羅摩太子一生政治活動與愛情故事。（參見丹珠昂奔之《佛教與藏族文學》一書，頁58）

〔註143〕丹珠昂奔之《佛教與藏族文學》一書說：作者為印度詩人格衛旺波，共 108品，故事開頭與結尾都採用頌贊詩體，或點明主題、或闡述思想、或解釋疑難，字數不等，中間正文部份多用七言，內容主要是記載佛祖修行、弘法利益眾生的行跡。頁 59。

〔註144〕丹珠昂奔之《佛教與藏族文學》一書說：為馬鳴菩薩所作，共 28 品，是佛祖釋迦牟尼的詩體傳記。無論對形象的描寫、性格的刻畫或語言表達的工巧，都算是精緻之作。頁 60。

步成爲藏族戲劇的編劇材料。比方藏戲有：「諾桑王子」、「雲乘王子」與「智美更登」，都借助了〈菩薩本生如意藤〉的故事。

（二）故事——可分爲兩類

1. 佛經故事

佛經故事主要收集於大藏經中，也有許多散逸於民間，口耳相傳，表現在文人作品中的，可以格言故事（對格言詩加以注釋的故事）爲例。比方：仁欽拜（西元 1143～1217 年，噶舉派中止貢派的創始人）所輯錄的《薩迦格言注釋》與《格丹格言注釋》中的〈神猴救人〉、〈花班鹿〉、〈啄木鳥與獅子〉、〈兔子捨身待客〉等故事。這些故事，以深刻的哲理展示了濃厚的生活氣息，給人多方面的啓示。而這些故事並非全然來自佛教徒的創作，也有民間百姓的創作，因此，既有佛教思想、也有印度文化的影響。

2. 尸語故事

據金克木所著之《梵語文學史》一書說，尸語故事最初的來源是印度的《僵尸鬼故事二十五則》〔註 145〕。而印度的《僵尸鬼故事二十五則》，是用一個大故事貫穿二十四個小故事而成，藏文的尸語故事受它影響，也用一個大故事貫穿幾個小故事而成，目前所見大約有三十五個故事。故事中反映了對強權的反抗，對誠實、善良美德的頌揚，與對自由、幸福、愛情的追求。故事情節曲折、富於變化、描寫細膩、想像豐富並具有神話色彩，而且語言樸實、敘述通俗流暢，或者加入少量的諺語、歌謠，更見活潑生動的特色。

（三）戲 劇

印度的戲劇介紹到西藏的有兩部，爲「龍喜記」與「世喜記」。「龍喜記」六幕，收錄於《丹珠爾》本生部中，爲印度戒日王（公元 590～648 年）所作，講述雲乘王子與瑪拉雅堅瑪的愛情故事，以宣揚佛教的因果報應、樂善好施爲目的，藏戲中「雲乘王子」一劇多所借鑑。「世喜記」五幕，爲印度

〔註 145〕 僵尸鬼故事二十五則，是用一個大故事貫穿了二十四個小故事而成，加上大故事共是二十五則。其中大故事的內容是：健日王每天收到一個出家人獻給他的一枚果子，果子裡藏著一顆寶石。爲了酬謝這個出家人，他答應夜間到火葬場去，把一具尸首搬到祭壇上去。當健日王搬著尸首往回走時，尸首便給他講故事，講完故事又給他提出一個難以解決的問題，但當國王說話回答時，死尸回到了火葬場。如此來而復往、共二十四次，最後國王被難住，沒有回答，僵尸鬼（附在尸首上的）便告訴國王，出家人要害國王，國王便回去殺了出家人。（此說參見文殊出版社《西藏文學史》一書，頁 101）

咎扎勾采所作，講述祖那諾部王子與白瑪堅的愛情故事，宣揚佛教的佈施、利他思想。印度戲劇的藝術形式，也爲藏戲所吸收，如藏戲的「頓」——序幕式、「雄」——正戲、「扎西」——閉幕式〔註146〕。

（四）文學理論

佛教傳入藏區之後，對西藏文學中文學理論部份的影響，最具代表性的是《詩鏡論》一書。《詩鏡論》的作者是檀丁（又譯爲尤巴堅），是印度六、七世紀的作家，本書是一部以詩體寫成的文學理論與詩歌修辭理論的專著，共分爲三章：第一章〈辨風格〉105頌，分析了3種詩體〔註147〕與4種寫作形式〔註148〕、10種寫作風格〔註149〕等；第二章〈辨詞飾〉365頌，分析35種修飾手法〔註150〕；第三章〈辨詞（聲）的修飾及詩病〉186頌，論述了字音修飾的主張〔註151〕與10種詩歌的弊病〔註152〕。自從十三世紀末，由雄頓多吉堅贊翻譯、其弟邦羅追丹巴依此授徒講解之後，《詩鏡論》漸漸地成爲一門專門學科、而爲後人研究，如注釋者有：尙第巴仁邦巴的《無畏獅子吼釋》、米龐格勒南杰的《詩疏檀丁意飾》等。也有許多學者依此書之理論而創作，如：蔡巴貢噶多吉1346年完成的《紅史》、五世達賴羅桑嘉措1643年完成的《吐蕃王臣記》等。

因此，佛教的流傳與演變，深深影響著西藏的社會與文化，使得西藏人民的思想明朗、開闊，對生命的看法改觀，輪迴、因果等思想影響著寫作時的感觸；同時，對歷史事件、人物的觀察與紀錄，也因而加強了深度與廣度，

〔註146〕此說參見丹珠昂奔《佛教與藏族文學》一書，頁62～63。

〔註147〕3種詩體——即韻文、散文與混合三種。（此說參見丹珠昂奔《佛教與藏族文學》一書，頁62）

〔註148〕4種寫作形式——爲歸輯於韻文詩的獨解、歸類、庫藏與集聚四種寫作形式。（此說參見丹珠昂奔《佛教與藏族文學》一書，頁63）

〔註149〕亦稱爲「十德」（風格）——緊密、顯豁、同一、甜蜜、柔和、易解、高尚、壯麗、美好、暗喻等十者。（此說參見丹珠昂奔《佛教與藏族文學》一書，頁63）

〔註150〕35種修飾手法——比方：直敘、比喻、否定、論證、影射、誇示、雙關、託詞、威武、姿態、隱贊、並敘、對換、祝願、間雜等。諸類又有小分別，合計有205類。（此說參見丹珠昂奔《佛教與藏族文學》一書，頁64）

〔註151〕字音修飾——選字、循環、同韻、隱語修飾等。（此說參見丹珠昂奔《佛教與藏族文學》一書，頁64）

〔註152〕詩歌弊病——意義混亂、內容矛盾、詞義重複、次序顛倒、用詞不當、失去停頓、韻律失調、缺乏連聲、以及違反時、地、公認的事實、正理、經典等。（此說參見丹珠昂奔《佛教與藏族文學》一書，頁64）

對於藏族社會有大貢獻的人物，賦予他們如對菩薩般的恭敬與尊榮。簡單的說，佛教思想的流傳，豐富了藏族人民的心靈，更使藏族文學的思想、形式、內容與特色都轉變了。

第三節　藏族文學之分期

藏族文學的發展可以大概分為四個時期，其一為遠古與吐蕃王朝時期；其二為分裂割據時期；其三為元明時期；其四為清代以後之時期。各依每時期的文學特色與特出文學作品，作一分別介紹如下：

（一）遠古與吐蕃王朝時期的西藏文學〔註153〕

遠古時期指的是在吐蕃王朝建立之前，一直籠罩在原始宗教——本教思維之下的藏族社會。遠古與吐蕃時期的文學作品並沒有特別明顯的區分，而且遠古時期的文學作品以口傳之作為主，也是在吐蕃王朝松贊干布贊普時期，藏族創造了文字，才記載下來，因此這兩個階段的文學有著微妙的聯繫關係。這一個時期的文學，由於吐蕃王朝政治、經濟與文化上的各種需要，而特別重視吸收來自中國內地與印度、尼泊爾、喀什米爾等國的醫藥、曆算、工藝、歷史、佛經等書籍，因此翻譯事業發達，文學作品與特色也深受他國影響，故有各種文類的產生，比方：最原始的是牽涉到先民思想的神話（在本章第一節已談過，此節從略），另外有關於歷史事件與人物的傳說〔註154〕，以及一般民間流傳的藏文故事〔註155〕等。

在這一個時期，最具特色、對後世文學也最有影響力的，是詩歌與史傳文學兩類作品及《巴協》這本書。詩歌〔註156〕分為卜辭、格言與諺語三者。

1. 在敦煌古藏文文獻中的卜辭手卷，僅三十段比較完整，每段卜辭都包

〔註153〕參見文殊出版社《西藏文學史》一書，頁1～131。
〔註154〕西藏的歷史傳說，多以一定的歷史事件與歷史人物為素材，並採集史書記載與口頭傳說資料而成。整體而言，是符合歷史事實的，如：第一代贊普聶赤贊普的存在，止貢贊普時代的部落戰爭，松贊干布與文成公主的聯姻，修建大昭寺與小昭寺等，然而不免有誇大、虛構與神話的描述。（此說參見文殊出版社《西藏文學史》一書，頁48）
〔註155〕藏文故事分兩種：一為敦煌石窟所藏的藏文故事，今見兩篇，反映善良戰勝邪惡，想要有美好家眷的心聲；其二為尸語故事，參見本章第二節之敘述。（此說參見文殊出版社《西藏文學史》一書，頁91～105）
〔註156〕說法參見文殊出版社《西藏文學史》一書，頁49～64。

含兩個部分：第一部份是詩歌體的卜辭正文；第二部分是散文體、關於卜辭應驗些什麼的解說。卜辭詩歌所表現的內容，多是描繪牧區風光與自然景色，格律上，基本的都是六音節句子、每首四到十句、已經使用到襯字。因此，卜辭部分可作為文學詩歌來研究，解說的部分可作為社會歷史、思想型態、語言文字方面的參究資料。

2. 在敦煌手卷中的格言，大致劃分為二十餘首，從勸人為善戒惡、孝敬父母、宣揚因果報應觀點等內容，顯見已經深受佛教思想影響。格律上都是七音節句式，以四句、七音節的詩最多。格言以直陳方式說理、表意清晰、語言通俗而樸素，是後代作家格言詩的借鑑。

3. 敦煌藏文寫卷中有一份《松巴諺語》，約有四十則，講述為人處世與治理家庭的道理、描述社會現象等內容，絕大部分是兩句諺，兩句之間的用詞與音節數多是相稱的，因此讀起來節奏鮮明。在直陳的句子中，往往也含有比喻，而豐富的比喻，確是西藏語言的一個顯著特色，在文學作品的創作中，依然保有這樣的寫作手法。

吐蕃時期的史傳文學〔註157〕可細分為兩類：其一為贊普傳略，其二為碑傳散文。贊普傳略記述了六到九世紀，青康藏高原上分散獨立的邦國融合、統一的過程，並讚揚其中建立功績的歷史人物。比方：〈止貢贊普傳略〉、〈松贊干布傳略〉、〈赤都松與大臣唱和〉等。這些作品選材精當，依戰爭與統一這些重大歷史課題來選擇紀錄的人物與事件，文字雖不長，但是對人物的刻畫生動、靈活；描述事件時，依著主題重點加強宣染與詳細敘述。而且，在散文敘述中加入詩歌，使行文更活潑，這是西藏散韻結合的文學形式，在書面創作中的首次出現。另外有一些記述漢藏友好、臣屬功績與興佛建寺的碑銘散文。比方：〈唐蕃會盟碑〉、〈俺拉木.達扎魯恭記功碑〉、〈桑耶寺興佛證盟碑〉、〈楚布江浦建寺碑〉等。碑銘的文字樸實流暢，行文敘事明晰，結構細密，全為散文，而且表達了重大的政治意義，是吐蕃時期具代表性的作品。

《巴協》是一部重要的史書，它由墀德祖贊興佛說起，記載到其子墀松德贊建立桑耶寺（前弘期）為止，《增廣本》則寫至阿底峽入藏（後弘期）為止，記載史事頗詳實，如：金城公主入藏、佛本之爭與內地取經等，都成為後世西藏史學家寫史的依據。比方：布頓仁欽珠（西元 1290～1364）所著的《布頓佛教史》，索南堅贊著的《西藏王統記》、五世達賴喇嘛羅桑嘉措著

〔註157〕說法參見文殊出版社《西藏文學史》一書，頁 65～90。

的《西藏王統記》都依據此書,巴渥.祖拉陳哇著的《賢者喜宴》一書更將《巴協》一書全文引入。此書的作者據傳是八世紀中、晚期的巴.賽囊,而增廣本的作者為枯敦.尊珠雍鐘。

(二)分裂割據時期的西藏文學 〔註158〕

所謂分裂割據時期,由朗達瑪被刺、吐蕃政權分崩離析開始,此時西藏王統分為拉薩王系、阿里王系與雅龍覺渥王系、古格王系等。政治與社會動亂久了,民心思安,而已經穩固勢力的王系,更積極尋求安定百姓的精神力量,因此佛教再度引起統治者的興趣。其中,古格王系特別倡興佛教,遂有仁欽桑布復興佛教的求法與制度重建,以及阿底峽的弘法,由此而佛教開始產生各個教派。政治上的統治權分裂,佛法的傳布也因此而各有傳承。這一時期出現不少譯師,如仁欽桑布、卓彌.釋迦益希(西元 994～1078)、馬爾巴.卻吉羅追。印度文學因此大量被介紹到西藏,比方:佛經故事、敘事詩、抒情詩、格言詩、戲劇、歷史傳說等,對藏文都造成深遠之影響(前節已述,此處不贅言)。

這一個時期由於佛教教派林立,各派知識分子競相宣傳本派的主張與佛教教義,思想上形成「百家爭鳴」的現象。開始有人利用文學形式進行弘法或著書立說,比方:噶舉派密勒日巴大師的道歌,薩迦派貢噶堅贊的格言等。這些作品在繼承前期文學傳統的基礎上,以不同的藝術風格與形式開創了新的文學流派,對後世產生很大的影響,而且這些署名的作品,表明作家文學的興起。此外,民間文學方面的長篇英雄史詩——「格薩爾王傳」產生並廣為流傳,顯見出神話、傳說、詩歌與故事等民間文學密切結合的痕跡。

密勒日巴大師的道歌,為本論文主要探討的對象,因此不多贅言。在作家文學中,另外一部最值得注意的作品是薩迦派貢噶堅贊(西元 1182～1251)所著的《薩迦格言》。此書共分為九章,包含 457 首格言。作者闡述了自己的為政主張〔註159〕,提出為人處世的哲學〔註160〕,並宣揚佛教思想〔註161〕。格言詩

〔註158〕參見文殊出版社《西藏文學史》一書,頁 131～359。

〔註159〕為政主張——作者主張以佛教治國,提倡政教合一的體制。這類格言為薩迦與蔡巴等已經集政教大權於一身的現實詮解,也為後來建立全藏區政教合一制度的基本論調。(參見文殊出版社《西藏文學史》一書,頁 224。)

〔註160〕處世哲學——作者讚美好學不倦的精神、謙虛謹慎的態度、改過向善的勇氣,批評懶怠的行為、驕傲自滿的態度、文過飾非的心態,提倡謹慎行事、臨危不亂的行為,與集思廣益的效用。(此說參見文殊出版社《西藏文學史》一書,頁 232～237)

全部使用四句七言的結構，貢噶堅贊是第一個這樣創作詩歌的人。有時一句表意未完足，佔用到下一句，這種移行佔字的情況，在西藏民歌中未見過，是借鑑了印度詩歌的格律。作者刻畫人物鮮明而簡練，善用人們日常接觸的事物作生動的比喻，使乏味的哲學道理引起人們的興趣，用對比的方式寫作，給予人強烈的印象，並且在格言創作中引用諺語，使文學作品更深契百姓之心理，此後也影響了許多著作，如：索南扎巴（西元 1478～1554）的《甘丹格言》與貢唐‧丹白准美（西元 1762～1823）的《水樹格言》等。

　　這一時期的民間文學代表作，是英雄史詩——「格薩爾王傳」。這一部作品大約產生於十一到十三世紀，正是割據勢力侵壓百姓，社會動亂，人民產生反暴虐、反侵奪思潮的時代。這首詩主要是由民間藝人〔註162〕以口頭傳唱的方式、在人群中流傳，在不斷流傳中、藝人們又陸續創作新的說部加入，因此，目前常見的「格薩爾王傳」，結構約有三十多部。格薩爾王故事描寫為民除害、保護百姓，反對侵略、保衛家鄉，反對分裂、希望統一，增加財富、改善生活，宗教信仰、教派爭鬥等內容，不但結構宏偉、取材豐富〔註163〕，還採用民眾最能接受的說唱體裁，並吸收了其他民間文學作品的形式、內容與手法〔註164〕。它不僅是研究西藏社會歷史、經濟情況、道德觀念、宗教信仰、風俗習慣、生活方式、語言文字以及民族關係的珍貴文獻，也可以說是西藏古代的百科全書。

（三）元明時期的西藏文學〔註165〕

　　隨著中原內地政治、文化力量的介入，西藏的政治、社會、經濟更加繁榮，文學發展亦然。這一個時期，印度的文學理論作品——《詩鏡論》傳入西藏，豐富了藏人作家的文學創作技巧與文學批評理論，比方：詩歌方面，作家署名的專書產生，有宗喀巴大師以寫意、寓言、白描、喑喻等手法，創作的《詩文

〔註161〕佛教思想——宣揚人生是苦海、應潛心修行，勸人修忍戒怒等。（此說參見文殊出版社《西藏文學史》一書，頁 238～239）

〔註162〕說唱格薩爾王故事的人稱為「鍾懇」。（此說參見文殊出版社《西藏文學史》一書，頁 138）

〔註163〕粗略估計大約有三十萬行詩，敘述幾十個部落間的關係，刻畫上百個人物。（此說參見文殊出版社《西藏文學史》一書，頁 161～162）

〔註164〕詩中有散文敘述，也有唱辭，這是吐蕃時期散文形式插入歌唱對話形式的繼承與發展。而唱詞部分，多採用多段回環對應的魯體民歌與自由體民歌的格律。（此說參見文殊出版社《西藏文學史》一書，頁 169～170）

〔註165〕參見文殊出版社，《西藏文學史》一書，頁 363～492。

蒐集》〔註166〕一書，表達嚴守教規的主張、重振佛教的志向、不隨俗浮沉的胸
懷，還有索南扎巴所作的《甘丹格言》一書，更顯見出模仿《薩迦格言》的痕
跡。在歷史文學方面的作品，繼承了前期寫史的傳統，而寫作的筆法更加成熟、
史事更詳明，而且作家很多。比方：1363 年完成的《蔡巴紅史》〔註167〕、1388
年完成的《西藏王統記》〔註168〕、1476 年完成的《青史》〔註169〕、1538 年完
成的《新紅史》〔註170〕、1564 年完成的《賢者喜宴》〔註171〕一書等。一般民
間故事專集也有出色的作品，如《甘丹格言注釋》〔註172〕、《益世格言注釋》
〔註173〕等。

〔註166〕《藏族文學史》一書說：(亦名《詩文散集》) 共收詩文 130 篇，內容包括贊
頌、祝願、勸化等，還有兩部散韻結合的傳記。作者還透過書信形式、運用
詩歌體裁、宣揚佛理，本書善於運用大自然景色作比喻，將哲理通俗化，講
究華麗豐富的形象描繪。(頁 551～582)

〔註167〕伊偉先著《明代藏族史研究》一書說：作者蔡巴貢噶多吉 (西元 1309～1364)，
本書內容包括印度、漢地、木雅、蒙古、西藏的王統簡述，特別是對西藏佛
教各教派的產生與發展記載詳盡，具高度史料價值，參考不少漢文史書，開
一代風氣，將藏文史書推向「信史」的方向。(北京市，民族出版社，2000
年 7 月第 1 版 1 刷，頁 139～140)

〔註168〕作者據稱爲薩迦派僧人索南堅贊，原文分 18 章，引用藏漢歷史著述共 17 種，
以詩文結合之體裁創作，記述不少神話傳說，具濃厚文學情趣，記錄了豐富
的政治經濟文化資料，爲同類著述中的重要作品。(此說參見文殊出版社《西
藏文學史》一書，頁 369～381)

〔註169〕《明代藏族史研究》一書說：作者爲廓諾迅魯伯 (西元 1392～1481)，本書
共 15 編，包含不少第一手珍貴資料，後世多羅那它的《印度佛教史》，土觀.
羅桑卻吉尼瑪的《宗教流派鏡史》無不依此書而寫。此書尤詳於噶舉派的敘
述，綱目分明、體例嚴謹。(頁 142)

〔註170〕《明代藏族史研究》一書說：作者爲班欽.索南查巴 (西元 1478～1554)，本
書包括七個部分：即印度王統、香跋拉王統、漢地歷朝帝王傳承、蒙古王統、
西夏王統、吐蕃王統及宋元明時期西藏地方的割據勢力。主要篇幅在記載西
藏歷史，可能因爲考慮到四鄰對西藏的影響，才加入這些史料。(頁 142～143)

〔註171〕作者爲巴渥.祖拉陳哇 (西元 1504～1566)，全書分爲五大編、17 章，包括佛
教產生及發展狀況、吐蕃王統史、各教派之興起、譯師、論師史、噶瑪噶舉教
派史等，是一部廣徵博引、史料豐富、內容廣泛、篇幅很大又各章獨立的歷史
著作。更重要的是將《巴協》一書全部收入，而且解釋部分多引用過去的史書、
並註明出處。(此說參見文殊出版社《西藏文學史》一書，頁 382～396)

〔註172〕編者爲央金噶衛洛卓，此書共有 71 則故事，包括寓言故事、佛經故事與歷史
傳說。故事內容與格言緊緊相扣，情節交代明晰，文字簡練、清晰、流暢，
富有風采，略勝《薩迦格言注釋》一籌。(此說參見文殊出版社《西藏文學史》
一書，頁 464～466)

〔註173〕《益世格言》爲印度龍樹大師所著的格言詩，原書有 86 首詩歌，西藏人洛卓

　　這個時期最特殊的文學發展，爲傳記文學的興盛與藏戲的產生。傳記文學類作品的產生有長遠的歷史淵源，早在吐蕃時期文學的贊普傳略類，已見到傳記文學作品的先聲。然而吐蕃王朝崩潰之後，政權的分崩離析，使藏傳佛教各教派也紛紛成立，而各教派在修持儀軌與教法上又有些差異，因此爲了宣傳自己教派的主張，往往爲自己教派中比較有成就與名望的祖師、喇嘛書寫傳記，一方面彰顯法教的特出之處，也宣揚修行證量方面的模範，特別有名的傳記作品比方：《密勒日巴傳》〔註174〕、《馬爾巴傳》〔註175〕等。這些作品將歷史人物作了一定程度的誇飾，情節方面也吸收了不少宗教神話與民間傳說，雖然多數的內容與用意在於鼓吹佛法，然而因爲取材於社會，所以，客觀的反映了元明時期西藏的社會現實問題。

　　藏戲是元明時期藏民族社會中，由各種元素融合提煉出來的一種藝術表演。藏戲，在民間的舞蹈動作與民歌唱腔的基礎上，吸收了酬神醮鬼的宗教儀式而成，它所表演的內容，來自於文學作品也常見的素材——歷史傳說、民間故事、社會事件與佛經故事，再經過藝人作家的不斷添加改造，遂形成獨具特色的藏戲。藏戲的傳統劇目比方：表現漢藏友誼思想的「文成公主」〔註176〕，反映社會現實情況的「囊薩雯波」〔註177〕，講述宮廷鬥爭內容的

　　　白巴（第一世達賴喇嘛的大弟子）爲之寫了這部注釋故事，共計29則，包括民間故事與佛經故事，作者還用西藏民間故事來作註，此書之用意在於使人們能深入了解龍樹大師格言的涵意。（此說參見文殊出版社《西藏文學史》一書，頁466～468）

〔註174〕作者爲桑吉堅贊（西元1452～1507），全書可分三大部分：一爲家產被奪、母子受苦；二爲投師學咒、報仇雪恨；三爲悔改學佛、苦修證成與授徒。通篇脈絡分明、佈局變化有趣，人物性格的描寫最爲突出。這是當時流傳最廣的一部傳記（此說參見文殊出版社《西藏文學史》一書，頁399～418）

〔註175〕《藏族文學史》一書說：作者桑吉堅贊，本書爲噶舉派第一代創始人馬爾巴.曲吉洛卓（西元1012～1097）的傳記，描寫了一個追求眞理者、勇敢堅毅、艱苦卓絕的形象，馬爾巴與師父那諾巴及眾金剛師兄弟間的眞摯情誼，批判那些嫉妒別人、玩弄陰謀、坑害別人的修行者，全書的風格比喻豐富、意境深邃。（頁534～550）

〔註176〕《藏族文學史》一書說：本劇敘述松贊干布派噶爾.東贊宇松到長安迎娶文成公主，吞米.桑布扎到尼泊爾迎娶墀尊公主的故事，以文成公主故事爲主要內容。敘述噶爾.東贊宇松經過九曲明珠、辨識馬駒與小雞、記憶出遊路線等測驗，成功的迎回文成公主的故事。（頁616）

〔註177〕《藏族文學史》一書說：本劇取材於現實社會生活，敘述一位美麗、聰明、善良的姑娘囊薩雯波，被地主逼婚、受虐待、轉而遁入空門修行的故事，反映了封建農奴社會的黑暗面。（頁616～617）

「諾桑王子」〔註178〕，與宣揚佛教觀念的「赤美滾登」〔註179〕、「惹瓊巴」〔註180〕等，都以一種說唱形式的文學底本流傳著。這些劇本以木刻本與手抄本形式傳世，不但表演的方式有趣、令一般民眾樂於接受，也輕易的轉述了許多道理與價值觀，將許多教育的優良素材簡要的傳達至民間。

（四）清代以後的西藏文學〔註181〕

清代至今，這一個時期的文學發展又可以分為兩個階段，以鴉片戰爭為分界。鴉片戰爭前的兩百年左右，西藏的統治集團極不穩定，不管是與蒙古軍事首領的衝突或是地方政府內鬨，都依賴清廷的處理而平息，然而鴉片戰爭之後，帝國主義摧毀了清帝國強力、穩固統治的局面，因此十九世紀以來，英國為主的西方帝國主義國家的勢力侵入西藏，清政府無力再攔阻，故西藏文學界也因為這樣的刺激，而產生新的創作思想，即反英、反封建與反共三種。最足以反映這些時代思潮的作品是民歌與民間故事，另外，傳統文學的發展在這個時期走向追求華麗典雅的唯美路線，形式上延續舊有，創新之處不多，比方：史傳文學類有五世達賴的《西藏王臣記》〔註182〕、《多仁班智達傳》〔註183〕，作家詩有《倉洋嘉措情歌》〔註184〕，模仿《薩迦格言》而來的

〔註178〕《藏族文學史》一書說：本劇是根據佛經故事〈諾桑本生〉改編的，藏戲的表演中增加了五百個妃嬪，來阻礙諾桑與益超瑪的愛情，此劇歌頌了堅貞的愛情，主題思想健康而積極，故事情節動人優美。（頁627～628）

〔註179〕《藏族文學史》一書說：本劇是根據〈聖者義成太子經〉改編的，藏戲表演中增加了新的情節與宗教說理成分，又簡化了佈施子女的情節，結尾帶有神話色彩，整部戲宣揚人生無常、放棄我執、佈施積德等思想。（頁628）

〔註180〕《藏族文學史》一書說：本劇描繪噶舉派僧人惹瓊巴，如何在密勒日巴大師的循循善誘下，潛心苦修、最後得大成就的事蹟。（頁626～627）

〔註181〕參見文殊出版社《西藏文學史》一書，頁495～771。

〔註182〕此書是一部全面而系統的敘述西藏歷史發展的書，由松贊干布執政開始，記載至格魯派噶丹頗章政權建立為止，整整一千年。採用了偈頌與散文相間的文體，有五分之三的篇幅著重在敘述後四百年的歷史，當時西藏社會充滿戰禍、各地方勢力錯綜紛爭，這是當時各宗教史與王統史中別開生面之作。（此說參見文殊出版社《西藏文學史》一書，頁505～511）

〔註183〕《藏族文學史》一書說：本書又名《噶細瓦家世代歷史功績實言樂》，作者為多仁.丹增班覺（西元1760～？），此書記述1700～1806年間噶細瓦家五代的經歷，真實反映了18世紀百餘年間西藏的歷史情況，與貴族階級的生活，及作者到後藏、山南等地朝聖，所見風光美景與神奇經驗，此書開創了貴族寫自傳的先例。（頁689～705）

〔註184〕作者倉洋嘉措（西元1683～1706），最可信的刻本有70首左右的詩歌，採取「諧體」民歌的形式創作，節奏響亮、琅琅上口、富於音樂美感，寓情於喻、

《水樹格言》〔註185〕與《國王修身論》〔註186〕、《卡帕切魯訓誡》〔註187〕等。

　　這時期的小說創作形式建立，開始有篇幅長、結構緊密、情節完整的故事流傳，以長篇小說這類的發展最值得注意。長篇小說作品以「旋努達美」〔註188〕與「鄭宛達娃」〔註189〕最稱佳作，在藝術風格上，兩者都是散文與偈頌相間的「伯瑪體」〔註190〕；不過，語言風格則迥然不同，「鄭宛達娃」的語言與幾齣有名的藏戲一樣，接近於一般的口語，而「旋努達美」所用的語言，則深受到印度文學影響，採用了只有上層學者才流行使用的「年阿體」〔註191〕書寫，有時爲了顯示用詞之雅，使用梵文音譯的字，造成一般人閱讀的困難。因此，在流傳上「鄭宛達娃」比較爲多數人所能接受。

　　其次是寓言小說的創作，寓言故事的發展與格言詩的創作有很大的關係，而十九世紀以來，更出現了一批以動物爲比喻的寓言體短篇小說。這些寓言小說的篇幅短小、詞語簡練、故事生動，而且多半採用辯論的形式，有著獨特的

　　　　多取比興、直抒胸懷，以白描的手法創作。（此說參見文殊出版社《西藏文學史》一書，頁 527～540）

〔註185〕作者是貢唐.丹白准美（西元 1762～1823），此書分爲兩部分，即《格言樹之論述二規具百枝葉》有 106 首詩，《格言水之論述二規具百波浪》有 139 首詩，書中大量宣傳佛教的宗教思想，全爲四句七言的格律，比喻都採用水與樹的特徵與形態。（此說參見文殊出版社《西藏文學史》一書，頁 541～551）

〔註186〕作者米龐嘉措（西元 1846～1912），此書論述爲君之道，涉及治理政務與國王自身的修養，並宣揚佛教教義等。作者自言參考了許多書而寫成，比方《薩迦格言》、《百智論》、《念住經》、《智慧樹》等。（此說參見文殊出版社《西藏文學史》一書，頁 552～563）

〔註187〕《藏族文學史》一書說：此書全名爲《卡帕切魯世俗業果計算法的訓誡》，全書一共 12 章、612 句，是藉由宗教的因果報應觀點，來對人們進行有關世俗行爲準則的教誨，包括施政、用人、處世、教子、孝親、修行等方面，對象包含了國王、官吏、僧人、貴族、平民等，針對當時藏族社會的現實而作。（頁 783～784）

〔註188〕作者爲刀喀夏仲.才仁旺階（西元 1697～1764），故事敘述益雯瑪與旋努達美爲爭取美滿愛情生活而作的奮鬥，並記載三個小國家之間的搶婚戰爭，客觀反映了統治者因爲私欲，而傷及百姓的殘忍行徑。（此說參見文殊出版社《西藏文學史》一書，頁 582～594）

〔註189〕作者爲達普巴.羅桑登白堅參，全書共分爲 9 章，主角不斷遭受苦難與迫害，後來明瞭惡業自造、潛心學佛傳法、終其一生。整個故事貫穿了「因緣果報」的思想，可以說是一部演繹佛教人生哲學的喻世小說。（此說參見文殊出版社《西藏文學史》一書，頁 595～600）

〔註190〕參見文殊出版社，《西藏文學史》一書，頁 581。

〔註191〕參見文殊出版社，《西藏文學史》一書，頁 581。

藝術風格，比方：《猴鳥故事》〔註192〕、《氂牛、綿羊、山羊和豬的故事》〔註193〕、《蓮苑歌舞》〔註194〕等。這些作品中，動物的形象擬人化、語言生動活潑，情節委婉曲折，反映了當時百姓所感受到的社會變動與所思、所想。

　　印度文學理論作品——《詩鏡論》，在西元十三世紀末由譯師雄頓.多吉堅贊譯爲藏文，歷經數百年的流通，在不同的歷史時期都不斷有注釋之作，還有許多因循《詩鏡論》的體例而創作的詩，詩學也變成藏族寺廟教育——「小五明」〔註195〕的一科。近代對《詩鏡論》的研究著作更多，比方：西元1656年，五世達賴喇嘛的《詩鏡釋難妙音歡歌》〔註196〕一書；西元1684年，嘉木樣協貝多吉的《妙音語教十萬太陽之光華》〔註197〕；西元1770年，康珠丹增卻吉尼瑪的《妙音語之游戲海》〔註198〕等。可見，藏民族的文學創作風氣，隨著時代、歷史與政治、社會等不斷變動的刺激，產生了多樣的文學形式、豐富的取材內容，連詩學研究理論，在各時期作家的努力與基礎上也更趨專門與精到。

〔註192〕作者應是多仁・丹增班覺，全書採用散文與詩歌相間的說唱體，語言通俗易懂、活潑流暢，作者大量運用生動的比喻及民間的格言與諺語，流傳民間甚廣。此書反映了廓爾喀入侵西藏的歷史事件（此說參見文殊出版社《西藏文學史》一書，頁601～608）

〔註193〕作者貢卻加措（西元1791～1858），本書的中心思想是忠實守戒的教徒反對胡作非爲的個別高層喇嘛與其他出家人，以勸佛教徒遵守佛法爲目的。全書語言生動、人物刻畫成功、對動物的描寫細膩、並傳遞了許多講經說法的內容（此說參見文殊出版社《西藏文學史》一書，頁610～616）。

〔註194〕作者爲白珠.烏堅吉美卻吉旺布（西元1808～？），本書的中心思想是透過玉蜂的遭遇，說明人在自然力量面前的無能爲力，藉此宣揚世事無常的道理，唯有及時修法，才能解脫苦難，作者觀察入微，語言傳神，文筆凝練。（此說參見文殊出版社《西藏文學史》一書，頁617～626）

〔註195〕舟光榮《中國藏傳佛教史》一書說：藏傳佛教由後弘期開始，佛經大量翻譯修訂，佛經中原本包含了不少語言、文學、藝術方面的著作，故稱大小五明之學，所謂「明」是知識的意思。（頁341～342）

〔註196〕《藏族文學史》一書說：作者以嚴謹認眞批判的態度，對《詩鏡論》原作與三個多世紀以來詩學研究的狀況與問題，進行了探討和總結，提出不少獨到見解、豐富了詩學的研究。（頁706～724）

〔註197〕《藏族文學史》一書說：這部書繼承了五世達賴《詩鏡釋難妙音歡歌》的基本觀點，但寫作方式迥然不同，在歸納解說理論時，雜採了自己的見解，它是以《詩鏡論》的原理再創作的。（頁725～734）

〔註198〕《藏族文學史》一書說：此書注釋精確、考證明晰、內容豐富、思考縝密、旁徵博引、評論中肯、將過去歷代藏文《詩鏡論》注釋中，不精確與曲解的部分加以澄清。（頁735～736）

第三章 密勒日巴大師生平

第一節 家族世系與求法因緣

要探討《密勒日巴大師全集》一書，須先認識這部書的主角——密勒日巴大師。密勒日巴大師，乃是西藏密宗白派（噶瑪噶舉派）的瑜珈修行者，在噶瑪噶舉教派的法脈傳承中，具有重要的地位。他繼印度的帝洛巴（988AD～1069AD）與那洛巴（1016AD～1100AD）、及西藏的馬爾巴（1012AD～1097AD）之後，成為直接繼承法脈的祖師，並直接下傳至剛（岡）波巴（塔波拉結，1079AD～1153AD）及杜松淺巴（1110～1193AD，第一世大寶法王噶瑪巴）以下的傳承〔註199〕。

根據《密勒日巴尊者傳》一書中，密勒日巴大師所自抒的家世背景。可知他原本是喇嘛的後代，父祖輩也曾經商，擁有令人稱羨、富裕的經濟狀況，與幸福的家庭生活。

密勒日巴大師說：

> 我的祖系是瓊波，宗姓是覺賽，我最初習黑業〔註200〕，後來行白業
> 〔註201〕，現在白業黑業都不做了；一切有為的作業已盡，將來甚麼
> 事也不做了〔註202〕。

〔註199〕此法脈之說法，引自《四加行》一書，該書由堪布卡塔仁波切主講，謝思仁中譯，屬噶舉人法集（八），寶鬘印經會發行，民國87年1月第一刷，頁46～48之皈依境圖說。惟密勒日巴大師的生卒年，由後述的資料說明之。

〔註200〕「黑業」指惡業或惡的行為。

〔註201〕「白業」指善業或善的行為。

〔註202〕參見張澄基所譯《密勒日巴尊者傳》慧炬出版社，中華民國69年6月初版，

又說：

> 我的祖宗瓊波族，世居衛地〔註203〕北方的大草原。祖父〔註204〕叫
> 覺賽，是一個紅教喇嘛的兒子，他是得到本尊〔註205〕加持〔註206〕
> 的真言行者，具有真言咒術的大威力。有一年，他到後藏去朝山，
> 行到藏地北方的郡波洗地方時，恰巧該地患鬼瘟。因爲他的真言威
> 力極大，平滅了許多鬼瘟，信仰的人越來越多，當地的人就要求覺
> 賽喇嘛長住在他們那裏。他於是就住了下來，最後竟在那裡落籍了。

由前文可知，密勒日巴大師的祖先本爲瓊波族，以記憶可溯及的祖先之名——
——覺賽，爲宗姓。覺賽本來是一位喇嘛的兒子，在藏人社會中，算是個具有
特殊才能的知識分子〔註207〕，可以降服鬼瘟、平定地方上的鬼怪侵擾，也因
此而得到人們信服、敬重，並且定居下來成爲當地（郡波洗）的護衛者，但
後來覺賽家族的宗姓又變成「密勒」。

密勒日巴大師說，在覺賽定居郡波洗地方之後，有一年，該地方來了一
個大力鬼，到處作怪害人。有一家人平素最不信仰覺賽喇嘛，這個大力鬼便
趁機在這一家興妖作怪，製造一些牲畜暴斃、四散奔逃，令人們生病、白日

---

86 年 3 月 12 刷，頁 11。

〔註203〕衛地——即西藏中部。參見張澄基所譯之《密勒日巴大師全集》一書，第52
篇，頁 644，慧炬出版社，中華民國 69 年 6 月初版，86 年 3 月 12 刷。

〔註204〕依照後文中關於幾位祖先的記載，可知其中的父子關係爲：瓊波覺賽→獨子
（高祖）→密勒多頓生給（曾祖）→金剛獅子（祖父）→密勒蔣采（父親）
→密勒日巴。可知，此處所言的「祖父」，是祖宗的意思。

〔註205〕本尊——創古仁波切《三乘佛法心要》一書說：藏文是 yidam，指「自己對
某件事的承諾」或「一心專志於某件事」。本尊代表的是行者誓願達到的究竟
成就，有許多不同的形相，如寂靜相與忿怒相，也因爲行者所希望開展的事
業種類的關係，而有不同顏色，比方平和事業類有現男相的白色本尊白觀音。
頁 110～112。

〔註206〕加持——藏文爲 jin lap，含有「佛法的力量」的意思，意味著人們感受到佛
法的精隨與攝受力，也意味著佛法的傳續，而這種傳續力或力量源自於上師，
因此行者要經由上師瑜伽法觀修上師。（參見創古仁波切《三乘佛法心要》一
書頁 109）

〔註207〕尚云川〈藏傳佛教寺院教育與藏民族的發展進步〉一文說：「寺院教育除了大
量的宗教神學功課，直接涉及藏族經濟生活的主要有天文曆算、醫藥衛生、
地震預測等方面內容。這些內容通過寺院內一部份學有所長的僧侶的使用和
傳播，對藏族農牧業生產的發展，人民身體的健康，生產、生活環境的安全，
歷史上起過重要的積極作用。」（本文收錄於郎維偉與袁曉文主編之《民族研
究文集》巴蜀書社，2000 年 4 月第 1 版第 1 刷，頁 326）

見鬼等不祥的事件。而且連醫生都束手無策、別的喇嘛來降妖也無效，反而被大力鬼弄得狼狽不堪。因此這家人在無計可施之情況下，才派人請了覺賽喇嘛來。

覺賽喇嘛還沒走到這戶人家的帳蓬之前，遠遠的就看見大力鬼。大力鬼一看見覺賽喇嘛，拔腿就跑。而覺賽喇嘛神威大發，高聲對他叫道：

大力鬼，我瓊波覺賽專門喝鬼魔的血，抽鬼怪的筋，有本事站住，

不要跑！

當他向大力鬼飛奔而來時，大力鬼一見，嚇得全身顫抖、大聲叫著：

可怕啊！可怕！密勒！密勒！

「密勒」一詞本是西藏文的譯音，意思是看見巨人時畏懼的表情〔註208〕。大力鬼不住地高喊「密勒」，表達自己的恐懼、感嘆覺賽喇嘛很厲害，並向他（覺賽喇嘛）發誓從此不再害人。這次事件使得覺賽喇嘛名氣更大，當地人們就給他起了一個綽號，叫他「密勒喇嘛」、作爲虔誠信仰的意思。漸漸地，「密勒」就變成他這一家的宗姓了。

由這一段神奇的人鬼接觸，可知當時密勒日巴大師的祖先，具有強大的降妖能力、在地方上受到人們信賴。而這位喇嘛的獨子，有兩個兒子，長子叫密勒多頓生給。密勒多頓生給又有一個獨子，叫做金剛獅子。金剛獅子即是密勒日巴大師的祖父。

金剛獅子生性好賭，不小心地被一個江湖騙子，將全部家產騙走，包括：牲畜、田地、衣服、首飾等，他的父親——密勒多頓生給，只好帶著他離開家鄉與族人到外地流浪。最後在芒地與貢通之間的嘉俄澤地方落籍〔註209〕。密勒多頓生給承傳家學——精通咒術、能降妖又善治病，就藉以謀生，收入頗爲不錯。金剛獅子遭逢挫敗之後，也改邪歸正、斷絕賭博的惡習，來往於貢通與芒地之間，專心從事牛羊牲畜與羊毛的買賣。

金剛獅子後來在當地成家，生了一個兒子，取名爲密勒蔣采，也就是密勒日巴大師的父親。多年辛勞的工作之後，金剛獅子擁有了「俄馬三角田」〔註210〕

〔註208〕此意思參見《密勒日巴尊者傳》一書，張澄基譯，慧炬出版社，民國86年3月12刷，頁14。
〔註209〕此地即爲密勒日巴大師的出生地。
〔註210〕金剛獅用大量金錢換得一塊三角形的肥美沃田，因爲地是三角形的，就命名爲「俄馬三角田」。（參見張澄基所譯之《密勒日巴大師全集》一書，頁17）

及大房子。等到密勒蔣采年屆二十，與白莊嚴母〔註211〕結婚之後，又造了一棟「四柱八樑屋」〔註212〕，過著富裕而引人羨妒的富有生活。於是，家鄉的親戚——密勒蔣采的堂兄雍重蔣采與堂妹瓊察巴正兩兄妹，便遷居到嘉俄澤來、依附他們，尋求金錢及貿易上的幫助。

密勒日巴大師在<u>藏曆水龍年——一〇五二 AD 八月二十五日誕生</u>〔註213〕。最初被命名為「聞喜」〔註214〕，和小他四歲的妹妹琵達一直都在富裕、幸福的環境中長大。直到密勒日巴大師七歲時，父親——密勒蔣采病重、沉痾難起，生活才大幅度逆轉。密勒蔣采臨終前，將所有財產暫時託付給雍重蔣采伯父與瓊察巴正姑母照料，言明等到密勒日巴大師長大成人時，再為他迎娶已訂好婚約的結賽姑娘，家產也一併交還給他。沒想到，密勒蔣采一死，雍重蔣采伯父與瓊察巴正姑母當著所有見證人的面，硬是強橫瓜分、掌管了密勒家的全部產業，此後更是苛待他們寡婦孤兒。

密勒日巴大師敘述他們母子的困苦遭遇說：

> 於是，在酷暑的時候，伯父要我們耕田；嚴冬的時候，姑母要我們織羊毛；吃的是狗吃的東西；作的是牛馬的事；穿的衣服襤褸不堪；繫的腰帶是用草繩子一根一根接起來的。從早到晚，一點空閒都沒有；過度的工作使手腳都破裂了，血液從皮膚的裂口淌出來……。

〔註211〕白莊嚴母即密勒日巴尊者的母親。

〔註212〕此屋樓高三層、房側又有一個大庫房與廚房，建在俄馬三角田旁。正像田地因形狀而得名一般，由於這屋子有四根大柱子和八枝大樑，便稱它為「四柱八樑屋」。（參見張澄基所譯之《密勒日巴大師全集》一書，頁17）

〔註213〕密勒日巴大師的生卒年有二說。其一為《密勒日巴尊者傳》所言的：西元1052年8月25日。而最多人確信的生卒年是西元1040～1123年，比方：王森的《西藏佛教發展史略》、李冀誠的《西藏佛教密宗》，連噶瑪噶舉教派的仁波切——堪布卡塔仁波切《四加行》一書，也如此確定。而且傳記說密勒日巴大師見到馬爾巴大師的時候，馬爾巴大師是一位身材魁偉健壯的中年人，生就一雙目光炯炯的大眼，馬爾巴大師的生卒年為西元1012～1097年，因此，兩者的年歲相差應不超過28年，故以西元1040～1123年為密勒日巴大師的正確生卒年。

〔註214〕密勒日巴大師稱名為「密勒日巴」，是在離開馬爾巴大師門下、返鄉之前，馬爾巴大師與弟子13人送行，馬爾巴大師在臨別所唱的「心要語」中，稱他為「密勒日巴」。本文為了不混淆閱讀之因素，凡提及之時，皆一律稱為「密勒日巴大師」。

布衣，藏文曰「日巴」或「惹巴」。為修密宗拙火道之瑜珈士之一貫宗風，「密勒日巴」即是「著布衣的密勒」的意思。（此說參見《密勒日巴大師全集》張澄基譯，慧炬出版社發行，民國86年3月12刷，頁58之註5）。

衣服穿不暖；食物吃不飽；皮膚的顏色都轉成了灰白，人也瘦得只
剩一副骨頭架子和一層皮。我記得從前我的頭髮辮子上有黃金和松
耳石的鏈圈，後來松耳石等裝飾品漸漸沒有了，只賸下了一條灰黑
色的繩子。最後滿頭都是蝨子，蝨子蛋在亂蓬蓬的頭髮叢裏長了窩！
　看見我們母子的人，都痛罵伯父姑母的刻薄。伯父姑母臉皮厚得像
牛皮一樣，全無羞恥之心，更不把這些諷刺挂在心上〔註215〕。

密勒日巴大師一家人，艱苦、忍耐的過著痛苦的日子，更必須承受一些往日
心懷忌妒的人，所說的閒言閒語；那些過去貪圖利益、曾經到密勒家奉承拍
馬的人們，也轉向去迎合雍重蔣采伯父與瓊察巴正姑母。

　這種辛苦的生活，持續到密勒日巴大師十五歲成年〔註216〕時，母親——
白莊嚴母賣了半塊自己陪嫁的田地，在自家的大客廳中備置酒筵，宴請雍重
蔣采伯父與瓊察巴正姑母，及所有曾經做過見證的親友、鄰人，正式要求掌
管自己的家產。不料，貪心的伯父與姑母意在侵占財物，辱罵密勒一家人，
並且鞭打他們。在場的證人與親友們，除了事後言語上的安慰之外，沒有人
敢當場制止這種貪惡的行為。

　這一段悲痛的遭遇，使得密勒一家人的生活再度陷入苦難。而雍重蔣采
伯父挑釁、譏嘲的話，更促發了密勒日巴大師學咒、求法的緣起。他說：

　有本事就多找些人來打一仗，把產業搶回去！沒本事找人的話嗎，
　那就去念咒好了！

也因為母親悲憤、堅定的決斷，憑著一股不甘示弱的勇氣，她努力籌措學費
和物資，將密勒日巴大師送到寧察的無上廣地方學習。因此，可以說：密勒
日巴大師求法的因緣，起於倍經親友的欺凌，在現實生活受挫之後、一家人
堅強而不服輸的意志所鼓舞。

　綜觀密勒日巴大師的家族祖先，不論是受人依賴、敬重的喇嘛，或者是
浪子回頭的經商富賈，身分都非富即貴；而從無到有的家產，又由盛轉衰的
家運，加上刻苦艱辛的少年生活，更使得密勒日巴大師的人生，轉向求學的
路程。這樣的觸緣，來自深刻折磨他少年生活的雍重蔣采伯父與瓊察巴正姑

〔註215〕參見張澄基所譯《密勒日巴尊者傳》慧炬出版社，中華民國69年6月初版，
　　　　86年3月12刷，頁22。
〔註216〕曲吉降澤〈論藏族民間婚喪禁忌〉一文說：成年為15歲以後（本文收錄於郎
　　　　維偉與袁曉文主編之《民族研究文集》巴蜀書社，2000年4月第1版第1刷，
　　　　頁159）

母，這兩位長輩，在他未來的學習過程與修行證悟中，也扮演了特殊的角色。他們一步一步的促使密勒日巴大師走向學習正法的人生，他們言行舉止上的錯誤與惡劣，也不斷證明密勒日巴大師修習正法之後，所展現出來無比智慧而慈悲的言行舉止，才是人生應該追求的唯一目標。

第二節　求法之歷程與師承

密勒日巴大師一生的學習過程中，最初廣學紅教之法，從師十位〔註217〕，不過從《密勒日巴尊者傳》中可知，具有特別影響與意義的有五位上師：包括寧察無上廣地方的紅教喇嘛，波通地方的雍同多甲喇嘛，藏絨（藏州西隙村）地方的古容巴功德海喇嘛，察絨那地方的雍登喇嘛及羅白來克扎絨地方的馬爾巴尊者等五人。密勒日巴大師的學習又可分爲三個階段：（一）在寧察無上廣地方的學習，關於這個階段的生活，傳記資料的記載很少；（二）在波通與藏絨地方的學習，主要的成就在於學得惡咒與誅法、降雹法等復仇用的秘法；（三）在察絨那與扎絨地方的學習，則是學得「大圓滿」法〔註218〕、修「觀」、修「定」、「奪舍法」〔註219〕等正法。

密勒日巴大師第一階段的學習，跟隨一位專修八龍法的紅教喇嘛，傳記中並沒有記載他的姓名，他在寧察無上廣地方很受百姓信仰，也常舉辦法事。某一天，嘉俄澤平原的村民召開同樂會，以這位喇嘛爲主客，密勒日巴大師也隨侍在側。後來密勒日巴大師酒後歡歌、心緒飄飛，不知不覺竟走回自己家中，他的母親——白莊嚴母忍著物資窘迫與親友欺凌等苦難，乍見他的輕忽與散逸，一時急怒攻心、痛加斥責，並且發下惡誓，要密勒日巴大師報復仇敵，她說：

> 我要你報復那些可惡的上穿毛褐、下跨肥馬的仇人！我們勢孤力弱，唯一的報仇方法，只有藉誅法和咒術。我要你去將誅法、咒術、降雹法，徹底的學精，然後回來，用咒術把伯父姑母和苛待我們的

〔註217〕參見張澄基所譯《密勒日巴大師全集》第十七篇，密勒日巴大師答寂光惹巴對尊者之來歷與一切的詢問，頁183。

〔註218〕大圓滿法——紅教所傳的無上心地法門。（參見張澄基所譯《密勒日巴尊者傳》慧炬出版社，中華民國69年6月初版，86年3月12刷，頁61，註1。）

〔註219〕奪舍法——得心氣自在之行者，依此口訣能以神識轉入他人的已死或未死之身體，故曰「奪舍」法。（參見張澄基所譯《密勒日巴尊者傳》慧炬出版社，中華民國69年6月初版，86年3月12刷，頁131，註2。）

鄰人連九族一概殺盡！這是我的唯一心願，你能做到嗎？

密勒日巴大師的母親緊緊抓住家產被奪、被辱罵等苦難，以無比仇恨的心態，提醒他所有學習背後的慘痛誘因。源於這個轉折，密勒日巴大師遂由一名普通的學習者，轉變爲以復仇爲唯一目的的弟子，也眞的開始了學習害人惡法的求學生涯。

在學習惡法的階段中，密勒日巴大師先是到波通地方，跟雍同多甲喇嘛學了一兩個惡咒，等到其他的同行者要返鄉之際，他想起母親臨別之前以死相逼的情境，遂又獨自回返，再一次跟上師詳訴被伯父、姑母欺凌的過去，雍同多甲喇嘛派人查證之後，才答應再傳秘法，並且先將密勒日巴大師送到藏州西隙村，去跟古容巴功德海喇嘛學習。古容巴功德海喇嘛先命令密勒日巴大師修築一個簡陋的修法堂，並且修了十四天的法，而誅法眞的靈驗了，在雍重蔣采伯父的大兒子娶妻的日子，房屋倒塌，壓死了 35 個人，包括新人與以前幫著伯父與瓊察巴正姑母的賓客，只留下伯父與姑母兩個人作見證。

後來密勒日巴大師又依循母親信件中的指示，去學習「降雹法」。他隨著雍同多甲喇嘛〔註220〕修法，等到村子即將收割麥子的前一兩天，就施法招來大冰雹、山洪水與大風暴。這使得全村的人糧食短缺、生活貧困，更招來村人的痛恨與責罵。造這樣的黑業之後，令密勒日巴大師於家鄉再也沒有立足之地，他的母親與妹妹雖然在誅法與咒術的恐嚇之下，沒有人敢傷害她們，但是卻再也得不到幫助，只能自生自滅。

密勒日巴大師完成報復行動之後，依然師事於雍同多甲喇嘛。然而，隨著時間的流逝，他的罪惡感也與之俱增，想要修學正法的念頭，強烈的在內心深處干擾著他的平靜。他描述自己當時的心境，說：

> 我漸漸對於放咒和降雹的罪惡，起了後悔之心。要想修正法的心念，一天比一天的強烈起來。常常白天不想吃飯，夜晚睡不著覺；走時想坐，坐時想走；對所犯的罪惡，十分後悔；因此厭世之心，常常湧上心頭。但是又不敢說想修正法的話。

更叫人意外的是，雍同多甲喇嘛在長久護持他的施主去世之後，興起了世間一切無常的感慨，同時也反省到他自己從青年時代到斑白暮年，一直都在造

〔註220〕雍同多甲喇嘛傳授密勒日巴大師復仇用的黑法術，看似誤導了信眾對「喇嘛」此一身份的看法，實則爲譯者對這些懂得修法的法師的稱呼，並非今日所謂學行俱尊的合格上師。

作咒術、誅法、降雹等惡業，因此，他願意供給密勒日巴大師求學正法所需的資糧，待密勒日巴大師學成了對自他二利都有實效的正法，再來引導雍同多甲喇嘛，此時密勒日巴大師學習正法的機緣才開啓。

　　起初密勒日巴大師前往察絨那地方〔註221〕，向雍登喇嘛學習「大圓滿」法〔註222〕，然而當時密勒日巴大師認爲雍登喇嘛所傳予他的法，比咒術和降雹法更容易，因此升起我慢之心，對於法教全不思維修習，以致人與法相離。幾天之後，雍登喇嘛明白告知密勒日巴大師，要他到羅白來克的扎絨地方，去依止與他前生有緣的譯經大師、印度大行者那諾巴的親傳弟子——馬爾巴尊者。馬爾巴大師正是密勒日巴大師一生眞正以身、口、意依止與學習的上師，也是後來西藏密宗噶舉派的創始者。

　　密勒日巴大師描述他第一次聽說馬爾巴大師時，所有的反應：

　　　　我聽見譯經王馬爾巴譯師的名字，心裏就說不出的歡喜，全身的汗毛

　　　　直豎，眼淚如潮水般的湧出，生起了無量的歡喜虔誠和無比的信心。

更奇妙的是，在密勒日巴大師到達扎絨的前一天晚上，馬爾巴大師就夢見印度的那諾巴上師降臨〔註223〕，指示他將有一個根器佳、在佛法上具有廣大事業、可以利益六道眾生的弟子來到；連他的妻子——達媚瑪也夢見北方烏金淨土〔註224〕的兩位空行母，送來了一位即將放出日月般光明、利益眾生的弟子。然而，儘管馬爾巴大師與達媚瑪師母，均夢見即將有一位成就殊勝的弟子來到，但是，馬爾巴大師對密勒日巴大師的教導卻是極爲嚴苛的。

〔註221〕根據傳記的記載，密勒日巴大師到達察絨那時，雍登喇嘛正在寧拓惹弄的分廟裏。因此，上師的太太派人領著密勒日巴大師到寧拓惹弄，才見到雍登喇嘛。（參見張澄基所譯《密勒日巴尊者傳》，頁61）

〔註222〕雍登喇嘛說：「我的成就大法：根，本性殊勝；道，獲得殊勝；果，使用殊勝；畫思維，畫成就；夜思維，夜成就；根基好的，有宿因善根的人，無思維的必要，聞法即解脫。我就把這個法傳給你吧！」（參見張澄基所譯《密勒巴尊者傳》，頁61）

〔註223〕馬爾巴大師夢見那諾巴尊者給他一個五股琉璃金剛杵，在杵的尖端略微沾有一些塵垢，另外又給了一個盛滿甘露的金瓶，告訴他：「你拿這個瓶子裡面的水來洗淨金剛杵上的塵垢；把金剛杵高懸在大幢之上，上令諸佛歡喜，下令眾生獲益，這樣就能成就自他二種事業。」（參見張澄基所譯《密勒日巴尊者傳》，頁62～63）

〔註224〕烏金淨土——此爲蓮花生大士之淨土。蓮師爲紅教寧瑪派之創始人，爲觀音、彌陀與釋迦佛陀三位一體之化身，得最極成就神通、說法無礙。（參見張澄基所譯《密勒日巴大師全集》，頁127）

　　一開始馬爾巴大師聽密勒日巴大師說了過去所造的惡業之後，對他說話就很不客氣，而且不斷命令他建造房屋、再拆除〔註225〕。密勒日巴大師不停重覆地將土石材料由山腳搬上山頂，馬爾巴大師不滿意之時，再一一揹回原處；而且同門的三大弟子〔註226〕動手幫忙之後，馬爾巴大師更命令他不許接受任何人幫忙。這一切的苦行，使密勒日巴大師磨破了背、背瘡冒出膿血、皮膚也潰爛了，而且在這些苦行之後，馬爾巴大師依然沒有傳法。

　　密勒日巴大師對於所有的苦行，與法會上被責打、驅逐〔註227〕等事件之後，對上師依然絲毫沒有起邪見、動搖了信心〔註228〕。然而幾番誠摯的請求、被嚴厲拒絕之後，加上病痛的折磨，他幾次有自殺的念頭〔註229〕。後來心軟的達媚瑪師母甚至假造信件、偷取上師的信物，將密勒日巴大師私下送到衛地去，向馬爾巴大師的大弟子——俄巴喇嘛（俄頓瓊巴）求法。然而，因為不是真正得到上師的印可，竟沒有任何解證效驗，最後只好再度返回馬爾巴大師那裏，領受責罵與指點〔註230〕。一直要到那一刻，馬爾巴大師慈憫於密

〔註225〕密勒日巴大師為了求得灌頂與口訣，接受馬爾巴大師的命令：在東方建一座圓形的房子，蓋到一半、拆掉；改到西方蓋一座半月形、層層疊疊的房子，蓋了一半、再拆掉；又到北方蓋一座三角形的房子，建了三分之一、又拆掉；再回東方蓋一座四方形的十層房屋，後來又命令密勒日巴大師修造一座城樓形的大客店。（參見張澄基所譯《密勒日巴尊者傳》，頁72～82）

〔註226〕三大弟子——即衛地的俄東去多、多日的吐通網太、擦絨的麥通總波。都是修無上二次第（「生起」與「圓滿」兩個次第）的瑜珈行者（參見張澄基所譯《密勒日巴尊者傳》，頁77～78）

〔註227〕在大客店快要修好之時，日多的錯通網崖來求密集金剛的大灌頂，密勒日巴大師接受達媚瑪師母的饋贈，帶著黃油、毛布與銅盤供養上師。馬爾巴大師將密勒日巴大師罵了一頓又用腳將他踢出佛堂。（參見張澄基所譯《密勒日巴尊者傳》，頁81～82）

〔註228〕密勒日巴大師自言：「有時，我也的確想找別的上師去，但是仔細想了想，即生成佛的口訣，只有這個上師才有，今生若不成佛，我作了這麼多罪業，如何解脫呢？為著求法，我要修那諾巴尊者一樣的苦行，無論如何，要想方法使這個上師歡喜，得到他的口訣，即生證果。」（參見張澄基所譯《密勒日巴尊者傳》，頁88）

〔註229〕馬爾巴大師一再拒絕傳法，密勒日巴大師心裏想著：「也許是上師知道，我根本不是法器，不能受法的緣故嗎？還是上師不夠慈悲，不肯授法給我呢？不管怎樣，留著這個受不得法的，沒有用的，充滿了罪惡的人身，還不如死了好，還是自殺了罷！」此自殺的念頭是因為求法無望而起，並不同於一般人對生命厭棄而自殘的作為（參見張澄基所譯《密勒日巴尊者傳》，頁82）

〔註230〕馬爾巴大師在做會供輪（每月舉行一次的集會，密乘修行人在這種集會時供養諸佛、念誦儀軌）的時候，發現俄巴喇嘛竟私自傳法給密勒日巴大師，怒

勒日巴大師求法的堅定意念，也爲了阻止眾人無端再造下錯事，才告訴所有
的人：一切加諸於密勒日巴大師身上的苦行與折磨，都是爲了消除他過去深
重的罪業、淨除再度輪迴的業因。他說：

> 我爲了要清除大力的罪業，所以故意給他苦行，又叫他修房子，這
> 樣方得由清淨道淨除其罪業；……。這一次，俄巴不知道是達媚瑪
> 所造的假信，便傳給了大力口訣和灌頂。因此，我再沒有辦法給他
> 痛苦，所以大發怒火，你們的請求我都不聽。但是你們要知道，這
> 種發怒與世間一般人的發怒是不相同的，過去任何表現出來的事
> 情，都是爲了法的緣故，其自性皆隨順於菩提道〔註231〕。……再者，
> 我的這個兒子大力，如果能受九次的大痛苦，大磨折，他將不受後
> 有〔註232〕；不盡此蘊，便可任運即身成佛。現在未能如此，還有一
> 點點膡餘的罪業，這完全是達媚瑪女人心軟的緣故。話雖如此，但
> 是他大部的罪業都已於八次的大苦行和無數的小苦行中根本清淨了
> 〔註233〕。

馬爾巴大師又仔細的解說一切的緣起與徵兆，爲密勒日巴大師授記、鼓勵、
祝福與讚嘆：

> 你把我的酒都喝完了〔註234〕，把田耕得一點不剩，這是你將領受口
> 訣成爲法器，達到圓滿大覺的徵兆。
>
> 後來，你供養了我一個有四個柄的銅缽，這是表示你將成爲我四大
> 弟子之一。
>
> 銅缽上毫無一點破隙，表示你煩惱垢輕，身享『拙火定』大暖樂的
> 徵兆。
>
> 你用空缽來供養我，表示將來在你修行的時候，會有食物困難，遭

眼瞪著俄巴喇嘛，手結忿怒印、聲色俱厲地責問、要拿旃檀木棍責打他，並
且拿木棍要打達媚瑪師母。（參見張澄基所譯《密勒巴尊者傳》，頁111～112）

〔註231〕隨順於菩提道，即是和佛法的精神和教義相符合相應的意思。（參見張澄基所
譯《密勒日巴尊者傳》，頁116）

〔註232〕不受後有——即是不再轉入六道輪迴的意思。（參見張澄基所譯《密勒日巴尊
者傳》，頁117）

〔註233〕此段內容引自張澄基所譯《密勒日巴尊者傳》，頁116～117。

〔註234〕密勒日巴大師初次在田間（後來被稱爲順緣田）遇見馬爾巴大師之時，並不
知道他的眞實身分，但是爲了尋求被引見的機會，答應爲他鋤田地、並將他
留下的一罈酒喝光。（參見張澄基所譯《密勒日巴尊者傳》，頁66～67）

受飢餓的痛苦。

我為了使你的後半生與你的弟子法統得大受用的緣故，又為了使有根器的弟子依著口訣的精要生起喜樂的緣故，我就裝滿酥油在空缽中，燃成明燈。

為著使你生起廣大的名聲，所以我敲銅缽讓它發聲。

為著淨除你的罪業，所以我叫你來建築息、增、懷、誅的房屋。

我把你從灌頂的會座中趕出去，又做了很多不合情理的事情，可是你不起絲毫邪見；這表示將來你的弟子和法統，學道時能具足信心、精進、智慧、慈悲等一切弟子應具的條件。修道之時，皆能於此生無大貪著，有忍苦精進修行的毅力；最後生起覺受證解，具足慈悲和加持，成為圓滿具相的上師〔註235〕。

密勒日巴大師依循法教，在山洞中閉關修「定」〔註236〕、又修學「現觀」的儀軌、學得成佛的大手印〔註237〕口訣、六法〔註238〕心要與奪舍法等；也真實領悟人身難得〔註239〕、因果律與無常〔註240〕等真理；明白了修行時，由小乘

〔註235〕此段內容引自張澄基所譯《密勒日巴尊者傳》，頁120。

〔註236〕密勒日巴大師在扎絨附近、羅扎烏村的臥虎崖洞中修「定」時，點一盞酥油燈在頭頂上，燈不點完、身體不動、也不下座，終日終夜修定，歷時11個月。（參見張澄基所譯《密勒日巴尊者傳》，頁121）

〔註237〕大手印──為西藏密宗最高和最要緊的法門，亦即明心見性的修法和口訣。此法寧瑪派稱為「大圓滿」，薩迦派稱為「輪涅不二」，其實皆為同一開顯本具之法身心地光明之實際修法。主要的是令行者悟到自心之明和空之本性而直證佛果；此心之空的一面修至圓滿究竟的地步則是法身佛，明的一面修至究竟即是報化身，所以光明大手印即是由悟徹自心而圓證法報化三身的法門。（參見張澄基所譯《密勒日巴大師全集》第1篇註1）

〔註238〕六法──即那諾六法，為那諾巴尊者所傳出之六種成就法，包括拙火瑜珈、幻化身瑜珈、光明瑜珈、中陰瑜珈、遷識瑜珈和夢修瑜珈法等。（參見張澄基所譯《密勒日巴大師全集》第1篇註7）

〔註239〕密勒日巴大師認為：「我們這個纏繞含聚的身心，是由『無明』等十二緣起而產生的；我們的這個人身，一方面固然是血肉所繫，業果所牽，精神所執的一個混合物；可是這個人身啊！對於那些有福德，有宿善的人們，卻是一個無價的寶船。這個寶船將用來筏渡生死的河流，駛抵解脫的彼岸！」（參見張澄基所譯《密勒日巴尊者傳》，頁124）

〔註240〕密勒日巴大師說：「宇宙的萬物萬象，皆受因果律的支配，善因得善果，惡因得惡果；了解三世的因果律，才能了解苦樂的報應，和賢愚貴賤的緣由。又因為宇宙的一切皆是變化無常的，所以有作為的一切善惡行為所得的果報，也不是永恆不變的。」（參見張澄基所譯《密勒日巴尊者傳》，頁125～126）

而大乘再至金剛乘的層層進程〔註241〕，也就是說：修行要具有小乘的外在修持，大乘的內在動機與菩提心，及金剛乘的秘密知見與修法。而馬爾巴大師在爲弟子們觀察各人因緣之後，對密勒日巴大師傳授了如同材薪生發火焰的拙火成就法，並賜給他梅紀巴〔註242〕尊者的帽子與那諾巴大師的衣服，指示他要在雪山峻嶺間修行。後來密勒日巴大師在閉關中，夢見老家破敗、母親亡故、妹妹流落成乞丐、到處漂泊，他才毅然請求離開上師、返回故鄉。

統合來看，密勒日巴大師在這三個階段的學習過程中，第一個階段是受到現實生活的挫折之後，激發了堅毅的骨氣，要令伯父、姑母刮目相看；第二階段的學習，是在深受母親復仇慾望的驅使之下，學習、施行惡法，傷及人畜生命與百姓稼禾；一直到第三個階段的學習，才眞正是因爲悔於過去種種罪業、而學習正法，以生命投入修行、矢志追求解脫輪迴的方法。這樣的學習歷程：由受苦、報仇與悔改等基本心態所串連，也展現了凡夫由散逸、造惡等行爲舉止，到眞正成爲罪業消盡、精勤堅毅之瑜珈行者的面貌。

第三節　深山苦修與化度弟子

馬爾巴大師晚年與弟子們聚會〔註243〕時，幾個大徒弟們曾要求上師授記、請問上師：「這個口授傳承的教法應如何宏揚？」、「弟子們弘法度生的事業又將會怎樣？」馬爾巴大師遂命令弟子們回去祈夢，而根據密勒日巴大師所作的四個大柱子的夢〔註244〕，馬爾巴大師解說〔註245〕之後、確定密勒

〔註241〕密勒日巴大師說：「清淨的身心爲進入佛法的基礎，所以第一部要先受別解脫戒，此後漸次的學習正法；……。然而尋求個人的解脫，祇是小乘的有限道而已。如爲了慈憫一切眾生，令眾生皆解脫苦海，需要發大慈悲心和大菩提心。……，爲了一切如父如母眾生的緣故，便誓求佛果，發大菩提心，修習一切菩薩行處。有了這樣的大乘心根底，才能進入金剛眞言乘。以清淨見，依止一位具相的上師；承受對輪迴自性之指示，……。」(參見張澄基所譯《密勒日巴尊者傳》，頁 126～127)

〔註242〕梅紀巴──Maitripa 偉大的印度上師、大成就者，是馬爾巴大譯師的第二位主要的上師。(參見創古仁波切《佛性──《究竟一乘寶性論》十講》頁 227 與堪布卡塔仁波切主講之《四加行》頁 48)

〔註243〕馬爾巴大師的兒子──打馬多得，夭逝之後的一週年，馬爾巴大師已經示現衰老之態，徒眾們聚集起來、跟上師請示。(參見張澄基所譯《密勒日巴尊者傳》，頁 134)

〔註244〕密勒日巴大師夢見宏偉的雪山：東方有一支樑柱，上面有一隻在雪山間騰躍的雄獅(象徵應修頗哇成就法的錯頓網崖)；南方有一支樑柱，上面又一隻在

日巴大師順隨自己的因緣，要在雪山峻嶺間修行，並且特別傳授他「拙火成就法」。

　　未離開上師之前，密勒日巴大師曾在兩處山洞修「定」：一為扎絨近處羅扎烏村的臥虎崖洞；一為那諾巴尊者授記的銅崖洞。密勒日巴大師在臥虎崖洞的修行，領悟了人身難得、因果律、無常、由小乘至金剛乘的修行各階段進程，並且深深領悟到對上師父母最佳的報答，是以修行與成就來供養，以究竟證解，報身莊嚴淨土，才是最上等的供養〔註246〕。在銅崖洞修「定」之時，因為夢見家鄉的情況而決定返家，當時上師曾告誡他只能在家停留七天〔註247〕，並指示他修行的處所，應該依止於雪山的崖洞、險峻的山谷和森林的深處。馬爾巴大師特別提到了多甲的喜日山〔註248〕、那其雪山〔註249〕、芒玉的巴拔山、八玉的玉母貢惹〔註250〕、亭日的曲巴〔註251〕，而任何無人的處所，順緣具足時也都可以修行。

森林間遊走的猛虎（象徵應廣說喜金剛法要的俄頓去朵，此即為俄東去多）；西方有一支樑柱，上面有一隻翱翔碧霄的大鵬鳥（象徵應修光明成就法的米頓寸波）；北方有一隻樑柱，有一隻靈鷲築巢其上，產子之後、在虛空中遨遊（象徵應修拙火成就法的密勒日巴大師）。（參見張澄基所譯《密勒日巴尊者傳》，頁135～144）

〔註245〕馬爾巴大師解說曰：「北方興建樑柱者，貢地密勒日巴也。樑上靈鷲飛舞者，渠為人中靈鷲也。靈鷲展翅四方者，口傳教授持續也。靈鷲巢棲危崖者，生命堅如崖石也。靈鷲復產雛鷲者，有一無比弟子也。小鳥遍集空中者，口授教法宏揚也。雙目睅睍仰視者，不受輪迴後有也。靈鷲遨遊太虛者，趨入解脫彼岸也。此夢非惡此夢善，為我諸子說如是。」（參見張澄基所譯《密勒日巴尊者傳》，頁143～144）

〔註246〕密勒日巴大師唱歌曰：「大恩上師金剛持，諸佛生處達媚瑪；佛子化身諸眷屬，請聽弟子解悟義；未解誤解與錯謬，一切過失祈宥恕；由尊大悲之壇城，流放加持悲暖光；我心智慧蓮花開，覺證繚繞如香溢；恨我無由報師恩，惟以生命精進修；成就利生以報恩，弟子所有未當語，一切求尊祈宥恕。」（參見張澄基所譯《密勒日巴尊者傳》，頁129～130）

〔註247〕馬爾巴大師說：「在你的故鄉，只許住七天，以後就應該到山中去修行，以成就自利和利他的事業。」（參見張澄基所譯《密勒日巴尊者傳》，頁157）

〔註248〕馬爾巴大師說：多甲的喜日山是印度諸大成就者所加持的勝地。（參見張澄基所譯《密勒日巴尊者傳》，頁153）

〔註249〕馬爾巴大師說：那其雪山是二十四聖處之一。（參見張澄基所譯《密勒日巴尊者傳》，頁153）

〔註250〕馬爾巴大師說：芒玉的巴拔山、八玉的玉母貢惹為華嚴經上所授記的勝地。（參見張澄基所譯《密勒日巴尊者傳》，頁153）

〔註251〕馬爾巴大師說：亭日的曲巴（去把），為護法空行母集會的地方，也是修行的勝地。（參見張澄基所譯《密勒日巴尊者傳》，頁153）

　　密勒日巴大師回到故鄉，將母親的遺骸〔註252〕與傳家之寶——《正法寶積經》安頓好之後，先到老家後面山上的崖洞中習禪定。等到他與姑母〔註253〕、伯父〔註254〕、未婚妻——結賽〔註255〕見過面之後，便到護馬白崖窟去修行。在護馬白崖窟，密勒日巴大師一方面自己日夜修行，一方面也隨順因緣，為來到崖窟前的獵人們說法，講述修行的快樂〔註256〕，他的妹妹——琵達即因為這些助緣，得知密勒日巴大師之所在，找到他、供養他，並且跟隨他修行。

　　此後密勒日巴大師一生即依此模式，不斷地遊宿十方，在各個上師授記或因緣順和、無人的靜僻之處修行，也在自己修行的過程中，隨緣度化來到他面前的眾生。依照傳記資料的記載，可知密勒日巴大師一生所停留、修行過的知名地點，有尼泊爾的約莫貢惹與六大出名山窟〔註257〕、六小隱名山窟〔註258〕與六個秘密山窟〔註259〕，連同另外兩處〔註260〕，一共是二十處山窟；另外還

〔註252〕密勒日巴大師依循馬爾巴上師所教的口訣，將父母親的靈魂都超渡、使他們遠離苦趣、超升到淨土去，並將母親的骨頭塑成一尊佛像、安置在塔內。（參見張澄基所譯《密勒日巴尊者傳》，頁167～171）

〔註253〕瓊察巴正姑母第一次見到前來化緣的密勒日巴大師，氣得用帳棚的撐柱追打他；後來聽說他不要田宅家產，又帶著禮物來拜見密勒日巴大師，要求使用他的田地；最後竟給予他一些物品，當作大師賣田的代價、要求他遠離故鄉，等於再一次強奪他的田地。一直到她很老了、行將就木，才真心悔改向密勒日巴大師兄妹懺悔。（參見張澄基所譯《密勒日巴尊者傳》，頁176～186；231～236）

〔註254〕雍重蔣采伯父見到密勒日巴大師，氣急敗壞的拿石頭打他、號召鄰居一起來報仇，被密勒日巴大師的言語威嚇住，他終生都沒有跟密勒日巴大師化解冤仇，在嗔恨中死去。（參見張澄基所譯《密勒日巴尊者傳》，頁178～179）

〔註255〕結賽姑娘因為密勒日巴大師的關係，沒有人敢娶她，密勒日巴大師本來想託她照管田地，然而她並沒有貪求的慾望，反倒想學習佛法、修行。（參見張澄基所譯《密勒日巴尊者傳》，頁180～182）

〔註256〕密勒日巴大師唱曰：「敬禮大恩馬爾巴師，願棄此生求加持；護馬白崖窟頂裏，有我密勒瑜珈士。為求無上菩提道，不顧衣食捨此生；下有薄小坐墊樂，上有八波（今尼泊爾地區）棉衣樂；修帶繫身安穩樂，饑寒平等幻身樂；妄念寂滅心性樂，無不安適即快樂；此亦樂時彼亦樂，我覺一切皆快樂；為告劣根無緣輩，我為自他究竟利。畢竟安樂而修行，汝等悲我實可笑；夕陽今已下西山，諸君速返自家園。我命不知何時死，無暇空作塵俗談；為證圓滿佛陀位，辛勿擾我修禪觀。」（參見張澄基所譯《密勒日巴尊者傳》，頁200～201）

〔註257〕六大出名山窟——護馬白崖窟、明雀只馬窟、飲哇著馬窟、惹馬菩提窟、將潘郎卡窟、著甲多結窟。（參見張澄基所譯《密勒日巴尊者傳》，頁241）

〔註258〕六小隱名山窟——結巴尼馬窟、庫盧問巴窟、謝普去薪窟、白則多鹽窟、則巴剛替窟、瓊龍慶給窟。（參見張澄基所譯《密勒日巴尊者傳》，頁242）

〔註259〕六個秘密山窟——甲照郎卡窟、到碰生給窟、白普麻母窟、來普白馬窟、龍

有四個出名的大山洞〔註261〕與四個不出名的山洞〔註262〕，還有其他各處山間有緣會的小洞。密勒日巴大師告訴弟子們，在這些山窟中修行，可以得到順緣和傳承的加持，而他們也該到那些地方修行。

密勒日巴大師一生所化度的弟子，可以大致分成三類：第一類是非人的神鬼，他們曾經向大師挑戰過，一一被降服之後，轉而信持佛法並護持密勒日巴大師；第二類是諸位具有善根的重要弟子；第三類是一般弟子及普通世人。以教化非人鬼神的事蹟最離奇、精采；以教化善根大弟子們的事蹟最動人，啟發堅定修行的心念；而教化一般弟子信眾時的說法，最平淺、易懂，可以在塵俗的重重迷霧中將世人喚醒。

在密勒日巴大師度化的非人鬼神中，以繼承並光大教法〔註263〕的長壽王女神〔註264〕最重要。《密勒日巴大師全集》一書中關於長壽王女神的記載共有四篇〔註265〕，一開始長壽王女神與十八種天魔所組成的萬魔之軍，一同前來侵擾密勒日巴大師，她們變現出凌厲可怖的外相，都無法影響大師的定靜、傷害他的心志，反而屈服在密勒日巴尊者的大無畏〔註266〕與各種覺證〔註267〕

哥盧多窟、著甲多結窟。（參見張澄基所譯《密勒日巴尊者傳》，頁242）

〔註260〕另外兩處為結共尼馬窟、潘他郎卡窟。（參見張澄基所譯《密勒日巴尊者傳》，頁242）

〔註261〕四個出名大山洞——雅龍的著巴普、來喜的多肚、亭日的皙借普、的色的真處普。（參見張澄基所譯《密勒日巴尊者傳》，頁242）

〔註262〕四個不出名山洞——咱地的剛楚窟、絨地的俄薩窟、慈那的則俄窟、古通的播絨窟。（參見張澄基所譯《密勒日巴尊者傳》，頁242）

〔註263〕密勒日巴大師曾說：「我的教法在非人中，長壽王神女將為繼承光大者；在人類中則烏巴頓巴（即岡波巴大師）將為弘揚光大者。」（參見張澄基所譯《密勒日巴尊者傳》，頁240）

〔註264〕長壽王女神——共有五姊妹，為吉祥長壽女、青面麗女、頂髻美喉女、不動天麗女、善傳能行女。（參見張澄基所譯《密勒日巴大師全集》，頁348）

〔註265〕此四篇為28、29、30、31等篇，然而28、29、30這三個故事，並非原作者——西藏瘋行者所著，為雁總慈巴與寂光慈巴所記述，其文體與風格皆和本書其他58個故事大不相同，敘事、說明皆比較繁複，但能清晰看出密勒日巴大師與長壽女神故事的主旨。31篇略述長壽女神成為大師手印母的事蹟，密乘的氣味濃厚、象徵的表法很多。（參見張澄基所譯《密勒日巴大師全集》28篇註1，頁335）

〔註266〕密勒日巴大師唱曰：「汝雖興起一切魔，連同十八地獄鬼，齊來擾我作威嚇；我乃空性瑜珈士，通達迷亂之根源，豈有畏懼妖魔理？噫歔一切唯心現！三界輪迴一切法，空而顯現甚奇哉！」（參見張澄基所譯《密勒日巴大師全集》29篇，頁329）

〔註267〕密勒日巴大師唱曰：「成就上師開導故，通達輪、涅、畢竟空，所顯皆是大手

之下，並且誠心供養、祈求密勒日巴大師攝受爲弟子、教導解脫的方法。密勒日巴大師要她們發誓，以後縱使遇到生命危險，也決不再做損惱眾生之事，才爲她們授皈依與菩提心戒，他說：

> 惡行狡詐串習故，日後當受苦逼報，故應發誓持密戒。
> 持戒首要在自保，遑論利他弘法事？若不勤念因果律，
> 善不善業細分別，微細惡業亦摒除，未來難脫異熟報，
> 故應警覺持淨戒。
> 欲樂過患若不思，從心深處厭棄之，輪迴牢獄何能脫？
> 若欲脫離輪迴獄，應勤修習斷煩惱，深觀一切皆幻化。
> 一切六道父母眾，若不念恩思酬報，必將墮入小乘道，
> 是故應發大慈悲，精勤修學菩提心。

密勒日巴大師還爲她們宣說：解脫中陰險道直示三身（佛果）的口訣及往生大樂淨土的法要〔註268〕。後來這最難馴服的空行母姊妹就發願生生世世跟隨密勒日巴大師修持，成爲最重要的非人弟子代表。

此外，《密勒日巴大師全集》第一篇記載大師以絕對的自信與無畏的定力、尊聖的佛慢〔註269〕，驅散了五個印度的阿咱馬〔註270〕；第二篇記載密勒日巴大師在拉息雪山的善河邊，降服侵擾百姓的非人妖魔眾，巴若大魔與其眷屬、湯眞大力鬼等〔註271〕；第四篇記大師在磯重的日烏班八山的嶺巴崖，降服崖魔女（罩森姆）〔註272〕；第八篇寫大師在古通地區的一座犀牛角形狀的山洞中，接受八名天女的供養，並告知持修正法、簡行少事、深自

印！無明無根亦無實，自明水月極澄清，光耀似日離雲翳，無明闇邊得蘇醒，解脫愚癡諸誘惑，眞如於內得開顯。執魔爲實乃妄念，有此妄念甚稀奇！妄念消融法性境，本來無生甚奇哉！」（參見張澄基所譯《密勒日巴大師全集》29篇，頁334）

〔註268〕載於《密勒日巴大師全集》30篇，頁375～377

〔註269〕佛慢——作本尊觀時，自己成爲佛陀、能降服一切魔障，故曰「慢」。（參見張澄基所譯《密勒日巴大師全集》1篇註22，頁26）

〔註270〕阿咱馬——普通指印度之孟加拉人，此處泛指由印度來之鬼怪。（參見張澄基所譯《密勒日巴大師全集》1篇註11，頁25）

〔註271〕密勒日巴大師唱「因果不爽曲」、「七種莊嚴曲」、「七種眞實曲」、「知因果曲」、「確信證解歌」等。（參見張澄基所譯《密勒日巴大師全集》2篇，頁31～36）

〔註272〕密勒日巴大師唱「八喻曲」、「了義消融法二十七喻歌」。（參見張澄基所譯《密勒日巴大師全集》4篇，頁65～66；71～72）

警策、莫貪逸樂、莫生嫉妒與傲慢，於一切時一切行、努力降服自心魔的要點〔註273〕；第四十五篇寫大師在布仁的普耀碩地方、拉隨廟附近的山洞，降服女鬼與魔軍的故事；第五十篇寫他在拉息雪山的大降魔窟中居住，降服非人鬼眾的事蹟〔註274〕。

　　第二類具有善根的重要弟子，是密勒日巴大師一生中最詳細、動人的度化眾生事蹟。大師對這類弟子的教導，最足以顯示出一個平凡人以身、口、意都投注在修行上，由上師的口中能夠得到，一切足以破除迷思的智慧與證悟，既破了所有修行的障礙，也樹立修行的因循之法、治病之方，這些具有大善根的弟子之中，以惹瓊巴爲主要對談者的記載最多，而他跟隨密勒日巴大師修行的時間也最長。

　　密勒日巴大師在古通地方、山羊峰上方的彩絲洞修行時，收惹瓊巴爲徒。惹瓊巴自幼喪父、由母親與叔叔撫養長大。乍聽見大師的歌聲之後，就信心堅毅地向他學法。師徒爲伴的日子裏，惹瓊巴歷經了開悟〔註275〕、獨自赴印度求回五種教法、回藏後生起慢心〔註276〕，對上師起邪見〔註277〕等過程。密勒日巴大師苦口婆心的勸化、教導他〔註278〕，教他降服一切世間慾望〔註279〕，一

〔註273〕參見《密勒日巴大師全集》8篇，頁107～108。

〔註274〕密勒日巴大師唱「瑜珈飲酒歌」，以釀酒爲喻、說明修行之法。（參見張澄基所譯《密勒日巴大師全集》50篇，頁634～635）

〔註275〕有惹瓊巴所唱的「七種悟解歌」爲證，並向尊者稟告究竟的證悟。（《密勒日巴大師全集》23篇，頁255～256）此所謂開悟是指對眞理的理解正確，並非指學人已經完全達到知行合一的境界，成爲了佛或菩薩，此爲譯者用詞上的不精確之處。

〔註276〕惹瓊巴認爲：他兩番前往印度，而且第二次是奉了上師之命，利於眾生與佛法傳布，而且在佛學的教理與聖理二量上，已經比上師更善巧通達，心裏希望當他向上師頂禮時，上師也回他一個禮拜。（參見《密勒日巴大師全集》38篇，頁463）

〔註277〕惹瓊巴心想：我這位上師他自己的衣著和享用一向都是最起碼的，連他自己都這樣褸衣敝食，哪裡談得上款待我呢？我從印度學了這許多密乘大法，不應再以苦行的方式來修習菩提道，應該以享受欲樂的方法去修行。（參見《密勒日巴大師全集》38篇，頁469）

〔註278〕密勒日巴大師唱「無常幻化六種譬喻歌」。（參見《密勒日巴大師全集》38篇，頁477）

〔註279〕密勒日巴大師唱曰：「上師生平常記心，甘露訓示勿暫忘。切莫以爲時間多，日後再修又何妨？如此想法極愚蠢，錯失機會斷善根，是故心應與法合，專志一意習禪觀。若貪此生來世苦，享眼前樂障礙出，若思日後修不遲，此種想法極愚癡！」（參見《密勒日巴大師全集》49篇，頁624～625）

直到離開上師到衛地去〔註280〕，又再度回來侍奉上師〔註281〕。惹瓊巴是密勒
日巴大師的心子中，跟隨他最久、領受最多法益的，隨時都有上師的指點。

　　岡波巴大師則是另一個最重要的心子，密勒日巴大師曾說過：他的教
法，在人類中、能繼承並光大的弟子是烏巴頓巴〔註282〕。岡波巴大師生於
醫生世家，既通曉醫學又廣學寧瑪派之各種密法，曾經娶妻生子，後來妻小
亡故之後，散盡家財並剃度出家為僧〔註283〕。後來因緣成熟，在禪定中見
到密勒日巴大師，又得到三個乞丐的引領，才去朝見密勒日巴大師。岡波巴
大師領受了耳傳派（噶舉派）的教法，日夜精進修持、產生種種徵象，比方：
親見五方佛〔註284〕、見到轉動的三千大千世界〔註285〕、層層疊疊的大悲觀
音〔註286〕、黑暗地獄〔註287〕、見欲界諸天及六道中一切天人〔註288〕、身

〔註280〕惹瓊巴不希望一般信徒因為特別喜歡他，而對密勒日巴大師的供養、遠不如
　　　　對他自己的供養好，而堅持離開上師到衛地去。（參見《密勒日巴大師全集》
　　　　52 篇，頁 644～645）
〔註281〕惹瓊巴在夏境的一所學校中，得到「閩著教授座」的職位，後來與一位貴族
　　　　女士發生糾紛，又決意在深山修行、回來侍奉上師。（參見《密勒日巴大師全
　　　　集》52 篇，頁 664）
〔註282〕多數人相信岡波巴大師為月光童子之化身，其名號甚多、常用者有：（1）衛
　　　　巴頓巴──即為烏巴頓巴，密勒日巴大師常這樣稱呼他；（2）那結──意謂
　　　　醫生，密勒日巴大師常呼此名；（3）達波那結──意謂由達波地方來的醫生，
　　　　為一般人對岡波巴大師之稱呼，應用最廣，即為塔波拉結；（4）仰米達波──
　　　　──意謂無與倫比的達波地方的人；（5）岡波巴大師──大師後來在衛地岡波
　　　　山中建立道場、廣弘佛法，因而被稱為岡波巴。（參見《密勒日巴大師全集》
　　　　41 篇註 12，頁 554）
〔註283〕岡波巴大師前往潘區的甲交山寺，在甲淇喇嘛前剃度出家、受具足戒，法名
　　　　福德寶。然後於夏巴領巴及夏杜哇曾巴二格西處，學習《莊嚴經論》、《現觀
　　　　莊嚴論》、《俱舍論》以及其他眾多法典。又於莊境之羅登洗惹處受喜金剛、
　　　　密集金剛等續部灌頂，聽聞其釋要與口訣。復於紐如巴及甲交日巴二格西處，
　　　　廣學一切噶當派之法要。（參見《密勒日巴大師全集》41 篇，頁 515）
〔註284〕密勒日巴大師解說曰：此為能持五大氣之徵兆。（參見《密勒日巴大師全集》
　　　　41 篇，頁 531）
〔註285〕密勒日巴大師說：這是左右二脈之氣進入中脈之象。（參見《密勒日巴大師全
　　　　集》41 篇，頁 531）
〔註286〕密勒日巴大師說：這是因為他的頂間大樂輪中明點增盛的緣故。（參見《密勒
　　　　日巴大師全集》41 篇，頁 531～532）
〔註287〕密勒日巴大師說：這是因為修帶（西藏之瑜珈行者在修定時，以寬三、四吋
　　　　之布帶纏在頭額、肩部及二膝，使身體維持一定不動之姿勢，以增強定力的
　　　　穩定）繫得太緊，上行氣持得太緊的緣故。（參見《密勒日巴大師全集》41
　　　　篇，頁 532 及 554 註 17）

體時時想搖動〔註289〕，見到虛空中有日月蝕〔註290〕、見到紅色喜金剛壇城〔註291〕、見到上樂金剛魯意巴之白骨壇城〔註292〕、見到己身廣大如虛空〔註293〕、見到藥師七佛、見到一千零一尊佛、中央本尊爲釋迦牟尼等〔註294〕。後來岡波巴大師因爲往昔願力的感召，密勒日巴大師明白地指示他到西藏中部（衛地）去修行，等他能見到心之體性、堅固不動搖時，就可以聚眾傳法，岡波巴大師即爲密勒日巴大師所預見〔註295〕、繼承法教的傳承心子。

除了惹瓊巴與岡波巴大師之外，另外還有一些特別重要的弟子，比方：第十一篇，在容普的光明洞，遇見咱普惹巴；第十二篇，在繞馬之菩提坳，遇見惹巴桑結加（即爲佛護布衣）；第十六篇，在上甲兒區的寫日，收強盜弟子──熾貢惹巴；第十七篇，在萬銀溪水源河畔，遇見寂光惹巴；第十八篇，在劍谷遇見雁總頓巴降曲加波；第二十六篇，在西藏與尼泊爾交界、一處人跡罕至的尼香古打山，收攝弟子──獵士金剛護。還有一些虔心修行的女性瑜珈修行者，如：第十四篇，在降境的格巴勒尋，收攝巴達朋；第二十五篇，密勒日巴大師在笛色雪山與馬滂湖一帶修行，由覺若只蒼地方來訪的惹瓊瑪；第三十七篇，在諾刹地方化度薩來娥等。

密勒日巴大師所教化的第三類弟子，是一般弟子與普通世人。比方：第十三篇所提到的法師──釋迦古那；二十四篇的垂危的苯教徒，因爲聽聞法

〔註288〕密勒日巴大師說：降注甘露，表示喉間受用輪處之左右二脈的明點增盛之相，母親渴而不得飲者，是因爲中脈之口尚未打開之故，因此應該作一些猛屬之跳躍、打、跌之拳法。（參見《密勒日巴大師全集》41篇，頁532）

〔註289〕密勒日巴大師說：這是心間明點增盛之相，應不斷努力練習散佈的拳法。（參見《密勒日巴大師全集》41篇，頁532）

〔註290〕密勒日巴大師說：這是左右二脈之氣趨入中脈之相。（參見《密勒日巴大師全集》41篇，頁533）

〔註291〕密勒日巴大師說：這是心間法輪處，由母親所得之血份成堅固之相。（參見《密勒日巴大師全集》41篇，頁533）

〔註292〕密勒日巴大師說：這是臍間明點充滿之相。（參見《密勒日巴大師全集》41篇，頁533）

〔註293〕密勒日巴大師說：這是你全身不可記數的千萬諸脈管中，業氣帶動了明點，業氣也正在轉變爲智慧氣之相。（參見《密勒日巴大師全集》41篇，頁534）

〔註294〕密勒日巴大師說：這表示報身與化身佛已經現量地看見了，但是法身佛尚未見到，仍應該秘密修持。（參見《密勒日巴大師全集》41篇，頁545）

〔註295〕密勒日巴大師晚年之時，曾經觀察能傳承他法教的弟子，並告訴眾惹巴弟子與施主們：「將來受持我的教法和傳承的人將接受我的全部口訣。他將來會光大佛法弘傳於十方。他是一個受了比丘戒的出家人，名字叫做拉結（醫生）。不久他就會來此地的。」（參見《密勒日巴大師全集》41篇，頁517）

教而重生；第三十四篇，刻意爲難密勒日巴大師的兩位法師——羅頓格登崩與熱頓達馬羅著；第四十四篇，對密勒日巴大師心懷邪見的僧侶；第四十五篇，爲爭奪水權而打鬥的施主，與在平原上玩耍、逸樂的青年男女；第五十六篇，樂善好施的醫生——陽額；第五十八篇，虔誠的施主——吉祥疊。

　　密勒日巴大師自從學成之後，就遵守馬爾巴上師的指示，不斷地在崇山峻嶺間修行。在他遊走山間林野的生活歷程中，不但因緣特別深的弟子前來跟隨他學習；連附近四方得聞行跡的百姓，也來求教問學；更別提那些在山林間作怪爲祟的非人妖魔，都一一被收服、成爲護持佛法與修行者的有力之士。這證明了實修實證者所以利於眾生的因由，即使在山林曠野、人煙罕至之處，依然能幫助世人，因爲那感動人的，是一種眞實而圓滿、清淨的能量，與修行的證悟境界。

第四章　《密勒日巴大師全集》之結構

第一節　故事內容各篇章獨立

　　《密勒日巴大師全集》一書共分為六十一篇，第一篇記載的故事，為密勒日巴大師獨自在寶窟大鵬洞中的修行。此時他的修行已經獲得成就，並且已經與家鄉的親友了結因緣（瓊察巴正姑母真心懺悔過往的作為、琵達妹妹與結賽未婚妻也已學佛），大師長久靜居修行，深深憶念上師父母〔註296〕與眾位金剛師兄弟〔註297〕，並以無畏與定力的修為，趨走前來洞窟中騷擾的大力鬼──毘那牙嘎〔註298〕；結尾的第六十一篇，則是密勒日巴大師這一生示現圓寂之前的最後開示。本篇的主題再次強調「輪迴是苦」的道理，密勒日巴大師向弟子──希哇哦及徒眾們詳細講述天人道〔註299〕、阿修羅道〔註300〕、

〔註296〕密勒日巴大師曾說：「在無比恩德的上師父母之前，我密勒日巴沒有任何物質錢財的供養；只能在我的一生中，以修行和成就來供養；以究竟證解，報身莊嚴淨土來供養您。」因此可知對於上師父妻，密勒日巴大師視之如父母一般敬重。（參見《密勒日巴尊者傳》，頁129）

〔註297〕金剛師兄弟──一般而言即是密宗的同學或同道，嚴格講是同時在一個金剛上師前領受同一灌頂之同學。（參見《密勒日巴大師全集》第1篇註2，頁23）

〔註298〕毘那牙嘎──印度一有名之魔鬼，時常來擾亂修密宗者。（參見《密勒日巴大師全集》第1篇註24，頁26）

〔註299〕密勒日巴大師所講述天人之痛苦，比方：貪著快樂成放逸、心中不分善惡、根識昏沉、雖然自以為已解脫，但是習氣種子未清淨，惡念產生時福德就消盡，福德消盡就會快速墮落。（參見《密勒日巴大師全集》第61篇，頁726～727）

〔註300〕阿修羅道的痛苦為：瞋恨心，不了解自己的心性、而有所迷惑，見一切皆為

人道〔註301〕、地獄道〔註302〕、餓鬼道〔註303〕及畜生道〔註304〕的痛苦及苦因。並向弟子們開示種善因、得善果的重要〔註305〕，更顯現出各種變幻自在的身神通〔註306〕，以堅定弟子們對修行與上師的敬信、祝福眾生。

　　各個篇章都是一個內容完整的單元，依循密勒日巴大師的生平事蹟中，最值得記述、也最能傳達法教深義的史事來編寫，各有特定的時間、空間與人、事、物等材料，既記錄了所有的說教詩歌，也將密勒日巴大師成就之後的生活歷程作了敘述。比方：第六篇，記密勒日巴大師在獨利虛空堡居住時，回答著銅地方來的施主們提出的疑問〔註307〕，並開示見、行、修三方面的法要〔註308〕，又唱「十二心要歌」：

　　敬禮殊勝上師足。汝等若欲明自心，皆應如是而修持：

　　信心、博聞與精進，此三修行之命根，令彼成長得堅固，

仇敵，貪圖自樂而惱怒他人，貪愛親愛的人，而對於視如仇敵者心生瞋恨，我慢執見深重，不明是非、瞋恨眾生。（出處同註4頁727）

〔註301〕人道的痛苦：最主要的是不了解自己，不識心之根源，心無誠意與和諧，不能平等廣利他，不知應機說法，不知當機而論道，常常落於兩極端心態的矛盾而受苦，如有錢之苦與無錢之苦。（出處同註4頁727～728）

〔註302〕地獄道的痛苦：因為食血肉之食而斷命傷生，將墮入八熱地獄；因為吝嗇、貪奪他人之食，將墮於八大寒獄；若頻頻造惡業，乃至弒師殺父母、偷取三寶財物、常行毀謗惡毒語、並說佛法不真實，將墮於無間地獄被火燒。（出處同註4頁728～729）

〔註303〕餓鬼道之痛苦：主要是因為惡心吝嗇的果報，有財物時慳貪吝嗇不知行善，一味的積聚看守，臨終時更是捨不得，看見他人受用享樂，慳心火熾傷害自己身心，則惡心惡業惡報無盡。（參見《密勒日巴大師全集》第61篇，頁729～730）

〔註304〕畜生道的痛苦：無明是墮入畜生道的主因，因為無明之業力，不識佛法真理、不能分別善惡、不能辨別使用符號，蹉跎飄蕩過一生，而無知造罪殺眾生的，大半投生為獸類。（出處同註8頁730～731）

〔註305〕密勒日巴大師說：「自己未能調伏自身心，不可奢望為他作依處。……未能全力勤奮修禪觀，一廂情願成佛有何用？自己未斷二取之執著，何能成就平等大悲心？……內心貪慾未能徹斷時，六聚何能鬆弛坦蕩蕩？……未能謹守戒律及學處，不可奢望願求皆成就。……」（出處同註8，頁732～734）

〔註306〕身神通——按眾大成就者之傳記及事蹟，其臨圓寂時皆廣顯神通、以昭信大眾，並令後學弟子起淨信而得加持。（參見《密勒日巴大師全集》第61篇註7，頁737）

〔註307〕著銅地方的施主們請問密勒日巴大師：「尊者啊！這個地方好嗎？有什麼佳勝之處嗎？」（參見《密勒日巴大師全集》第6篇，頁85）

〔註308〕密勒日巴大師開示：三見地之精要為顯現、空寂及無別；三修行之精要為明朗、無散與無念；三密行之精要為無貪、無執、無罣礙；三成就之精要為無欲、無懼、無迷惑；三密戒之精要為無諂、無隱、無矯作。（出處同註12，頁86）

則能趨入大安樂，此是修心之根本。

無貪、無執、無愚蒙，此三修行之盾甲，穿著輕捷防禦堅，

防身鎧甲如是尋。

修觀、精進與堅忍，此三心之良駒也，能避眾危馳如飛，

雄駒良乘如是尋。

自證、自明與自樂，此三心之果實也，種使成熟食味甘，

成熟果實如是尋。

我此十二心要歌，乃我修行所親驗，自然流露爲汝說，

應具深信如法行〔註309〕。

告訴施主們應如何修持明心見性的法門。第廿篇，記大師與幾個弟子在往笛色雪山的旅途中，向送行的施主們唱「無常八喻曲」〔註310〕，要弟子們深觀、浸思於一切法無常的事實和道理，又對三個懇求他攝受爲徒僕的少年唱「十種艱難曲」，警示他們修行之要緊而難成就的十種情況。他說：

心無慈悲之行者，降伏惡人甚艱難。

法心未生之和尚，安樂受用甚艱難。

不具堅毅之修士，產生覺受甚艱難。

不守戒律之僧侶，難獲供養與承事。

不持密戒學密者，難獲咒力予加持。

慳吝所縛之施主，難獲慨施之美名。

狂行粗魯瑜伽士，契合因緣甚艱難。

不念因果之學人，通達空性甚艱難。

不滿佛法之比丘，還俗謀生甚艱難。

汝等慣寵富家子，信心雀躍雖暫生，

長遠自在甚艱難〔註311〕。

〔註309〕摘錄自《密勒日巴大師全集》第6篇，頁88～89。

〔註310〕密勒日巴大師以八種現象來比喻「無常」的道理：1.「金色佛像終消褪」、2.「綠色鮮花似碧玉，終被寒霜凍折死」、3.「高谷流潤浪沟湧，流至平原緩無力」、4.「低窪之處有稻田，稻桿終被鐮刀割」、5.「長匹錦緞極耀目，終被無情利剪裁」、6.「勤聚財寶終棄捐」、7.「初三新月甚清麗，不久老大形猥殘」、8.「如寶幼兒極可愛，突遭逆緣竟夭折」。（摘錄自《密勒日巴大師全集》第20篇，頁227。）

〔註311〕摘錄自《密勒日巴大師全集》第20篇，頁228。

由此可知，《密勒日巴大師全集》的每一篇章，都是以修行者的生活爲內容、以修持的法教爲主題，記述著密勒日巴大師的後半生，依然保有著傳記文學的寫作特質，而不只是純粹的詩歌總集。因此，將這部紀錄密勒日巴大師後半生的道歌集，與《密勒日巴尊者傳》的故事結合起來，正足以了解密勒日巴大師一生的經歷，與所有法教的精華。

每一篇章的命名，當然都是切合著內容與主題，有的就以密勒日巴大師所唱詩歌之題名爲一篇之名，比方第十八篇命名爲「藤杖之歌」、第十九篇爲「廿一種心要曲」、第二十篇爲「無常八喻曲」、第四十三篇爲「八種快樂歌」、第五十篇爲「瑜伽飲酒歌」等。此外，大部分的篇章之命名可以分成三類：（一）以人物爲命名依據；（二）以發生的事件爲名；（三）以法教爲名。

以人物爲篇章命名之依據的最多，共有二十九篇，而最常列爲篇名主角的是密勒日巴大師與惹瓊巴，兩人各有七個篇章、以他們之名爲命名依據。其他的，比方：第十四篇爲「女弟子──巴達朋的故事」、第十六篇爲「強盜弟子熾貢惹巴」、第二十五篇爲「大女弟子惹瓊瑪的故事」、第二十八篇爲「長壽女神之侵擾」、第三十二篇爲「道剛惹巴的故事」、第三十七篇爲「薩來娥的故事」、第四十篇爲「連貢日巴的悔悟」、第四十二篇爲「羅頓比丘的故事」、第四十八篇爲「新多姆和來賽朋的故事」、第五十六篇爲「對醫生陽額的開示」等。

其次，以法教的主要內容爲篇名的，有十七篇。比方：第三篇爲「雪山之歌」、第七篇爲「修行人的快樂」、第十一篇爲「學佛的困難」、第二十一篇爲「學道需及時的開示」、第三十篇爲「中陰救度法的開示」、第三十六篇爲「修持心要的開示」、第四十九篇爲「被宰的羔羊」、第四十五篇爲「法音鱗爪」、第五十五篇爲「對雅龍施主們的開示」、第五十八篇爲「論學法與修持」、第五十九篇爲「修行人的伴侶」、第六十篇爲「成就之徵兆」。

第三類是以發生的事件爲名的篇章，共有十五篇。比方：第二篇爲「善河降魔記」、第四篇爲「崖魔女的挑釁」、第八篇爲「八天女供食的故事」、第十二篇爲「牧牛童覓心的故事」、第十五篇爲「旅店中的開示」、第十七篇爲「銀溪相遇記」、第二十二篇爲「笛色雪山降伏外道的故事」、第二十四篇爲「一個垂危苯教徒的復生」、第二十六篇爲「獵人與鹿」、第三十八篇爲「牛角的故事」、第四十四篇爲「調伏邪見僧眾的故事」、第四十六篇爲「笨波山的故事」、第四十七篇爲「灌頂和開光的故事」、第五十四篇爲「超度亡靈的故事」、第六十一篇爲「最後的開示」。

　　《密勒日巴大師全集》一書，各個篇章既可以獨立爲特定的單元，也可以串連起來，而這串連的主要脈絡，即爲密勒日巴大師。由寶窟大鵬洞、歷經輾轉旅行、隨緣靜修、度化眾生直到他留在去巴示現了圓寂，這一連串的生活軌跡。作者桑吉堅贊對於篇章的安排與撰述，可以說是精心考究與縝密銜接，因此就密勒日巴大師的事蹟而言，給予人一種既流暢又精要的閱讀樂趣，然而在這六十一篇中，卻有四篇不是原作者所作的。此四篇爲二十八篇、二十九篇、三十篇與三十一篇。

　　就篇章的結構來看，第二十八、二十九與三十篇的篇首，都先寫作一篇禮敬上師的頌詩，篇幅最短的，是第二十九篇的篇首頌詩，只有八句；篇幅最長的，是第三十篇的篇首頌詩，共有十六句。而翻閱整部詩集之後，發現：只有這三篇的結構，是先寫詩再敘述故事，其他的五十八篇，都直接從故事相關的人、事、時、地、物的記載入手。若要表達對上師的尊敬，也只提「敬禮上師」一句。

　　第二十八篇篇末曾提到記述者爲雁總頓巴菩提惹咱，第二十九篇篇末提到記述者爲寂光惹巴與雁總頓巴菩提惹咱，第三十篇提到敘述者爲光有際〔註312〕與雁總頓巴，三十一篇說：

> 這是那堪能勾攝非人事業女之大惹巴喜笑金剛（此爲密勒日巴大師之法名），酬答瓊境的山神吉祥長壽女時所唱的歌曲，其名爲空樂智慧雲鬘。經二惹巴（菩提惹咱和寂光惹巴）向尊者供獻曼達，祈請開示後，尊者笑而許之，（乃筆之於書）〔註313〕。

而且第二十八篇說「以『寶鬘詩體』記」；二十九篇說文體名爲「語鬘甘露光明纓絡」；三十篇說所唱的歌體名爲「水金花鬘」，這樣的寫作方法，的確不同於其他平舖直敘、不另作解說的五十七篇作品。翻譯者張澄基先生認爲：前三篇的敘事及說明皆嫌繁冗及重複，然而卻可以看出降魔及轉障礙爲助道的經過。第三十一篇略述長壽女神成爲尊者手印母的事蹟。而這四篇密乘的氣味很濃、象徵的表法也很多。

　　不過，依照文學發展的規律來看，文章的寫作方式應是由簡單而趨向繁雜、由樸實走向華美，爲何此四篇寫作手法比較繁複而文辭比較華美的作品，

〔註312〕光有際──藏文 Hod. Kyi. mThah. Jan. 恐即是寂光惹巴之令名。（參見《密勒日巴大師全集》第30篇註28，頁228）

〔註313〕此段引自《密勒日巴大師全集》第31篇，頁391

會突兀地出現在六十一篇作品的中間部分呢？如果這四篇的作者，真是雁總頓巴菩提惹咱與寂光惹巴，那麼他們的生存年代應是早於桑吉堅贊，文章風格也應該比較簡樸，為何反而更華美呢？如果大膽的假設：此四篇是桑吉堅贊之後的人所改寫，而假託寂光惹巴與雁總頓巴的名，那麼改寫這四篇的動機，將是另一個值得研究的主題。

第二節　韻文與散文合一

《密勒日巴大師全集》又名《密勒日巴道歌集》〔註314〕，收集了密勒日巴大師一生、修行成就之後，在各地旅行、教化眾生，由他或弟子們所唱誦的道歌，可以說是一部完整的詩歌集；同時，收集詩歌的作者——桑吉堅贊，也詳細的記述了唱誦詩歌的前因後果、人物背景等一切資料，因此，在《密勒日巴大師全集》一書的結構中，韻文與散文的結合成為一大特色，而這樣的寫作特色，繼承的是吐蕃時期的古藏文史料中、「贊普傳略」類作品的創作特色——散文敘述插以歌唱的傳統〔註315〕。

《西藏文學史》一書說：

> 傳略在散文敘述中，插入詩歌的對話，使行文更加生動活潑。它是西藏散韻結合的文學形式在書面創作中第一次出現。它和後來作家文學中，受印度文學影響的散韻結合體不完全相同，因為前者（指傳略）的韻文（歌詞）只在對話時、發表言論時應用；後者（指作家文學）則擔負著對話和敘述兩重任務〔註316〕。

因此可知，《密勒日巴大師全集》依循吐蕃王朝時期「贊普傳略」的寫作方式，在記載事蹟的同時，也紀錄詩歌。散文部分遂富含敘事明快、條理清晰等特色；而詩歌部分也因為濃縮了密勒日巴大師一生法教的精華，而具有文字質樸、簡要、精鍊、生動的特色。

《密勒日巴大師全集》一書中所謂的「韻文」，指的是那四百零九首詩歌。

〔註314〕《西藏文學史》一書說：「後藏人桑吉堅贊（1452～1507）跑遍西藏各地，追蹤密勒足跡，把流傳在民間的密勒道歌一首首搜集紀錄起來，綜合編撰成為完整系統的詩歌集，稱『密勒日巴詩歌集』。因是宣講佛教道理的，中文習慣譯為『密勒日巴道歌集』，簡稱為『密勒道歌』」。頁184

〔註315〕此說參見文殊出版社之《西藏文學史》一書，頁210之說。

〔註316〕此段引自文殊出版社之《西藏文學史》一書，頁80～81。

這些詩歌主要是由密勒日巴大師所唱誦，表達他一生的證悟、體驗與智慧，以及所有修行的要訣與心法，目的都是要勸化世人修行、學佛；比方第四十四篇，大師教導心懷邪見的寺廟僧人：迷亂由心、勤修勝過多學的道理；也有弟子們向他請教的提問與諫言，比方第三十九篇中，惹瓊巴自印度歸來之後，對上師起了許多不敬的念頭，經過密勒日巴大師的殷殷勸導之後，終於心生悔悟、並衷心請求原諒；還有若干成就者與大師的對話，各顯證悟之見與神通力，鼓勵弟子與徒眾堅定學佛的信心，比方第五十三篇中，密勒日巴大師與當巴桑結加〔註317〕會晤，密勒日巴大師唱「心樂六種決定歌」〔註318〕，而當巴桑結加唱「息苦法門」〔註319〕互相酬對。

　　在這四百零九詩歌中，並不是每一首都有題名，明確地提到題名的詩歌，也只有五十二首。比方：第一篇的「念師曲」；第二篇的「因果不爽曲」、「七種莊嚴曲」、「七種眞實曲」、「知因果曲」、「確信證解歌」；第七篇的「甘露口訣歌」；第十一篇的「難得之九種法」；第十四篇的「九種進諫歌」、「四種捨棄歌」、「四喻五義修心訣」；第二十三篇的「瑜伽十二種歌」、「十二虛幻歌」、「七種悟解歌」、「八種自在歌」、「證道六中有曲」、「馬爾巴上師口授曲」；第三十五篇的「七三曲」；第四十二篇的「指示心要曲」；第四十八篇的「金剛句曲」、「七支供養曲」；第五十二篇的「行住坐臥四威儀歌」、「吉祥歌」等。

　　不論詩歌是否有題目，每一首詩歌幾乎都是七言句式，而且句數長短不一，有的多到數十句，比方：第二十三篇，大師告知弟子們——世間人所有的財食和資具，都不能與修行上的覺受與證解相比，因爲行者們有了禪定的悅食。此詩共六十四句；有的詩則少至三、四句，如第四十五篇，「四喜之智」〔註320〕的結尾頌詞，只有四句：「應於森林等隱處，四威儀中平衡行，內之四

〔註317〕當巴桑結加——爲與密勒日巴大師同時之印度大成就者，來西藏弘法、創立希結派，以般若宗之密傳口訣而實修般若法門，成就徒眾甚多，其派在西藏流傳不廣、時間亦不太長。參見《密勒日巴大師全集》一書，53篇註1，頁674。

〔註318〕「心樂六種決定歌」——比方「無戒可持之時得無壞，一切戒相形式自解脫，戒行決定此心樂融融，樂融融中自成圓滿尊。」參見《密勒日巴大師全集》53篇，頁669。

〔註319〕「息苦法門」——「微細妄念生起時，煩惱才起即斬之！獨居隱處而臥時，坦露明體放置之！身處眾人聚中時，隨顯境上直觀之！昏沉來時高呼呸！散亂來時斬其根！掉舉妄念頻生時，放彼住於心性中。心識隨逐外境時，惺惺觀造如如義。此即『息苦法門』道。」參見《密勒日巴大師全集》53篇，頁670。

〔註320〕四喜之智——依圓滿次第修氣、脈、明點，會方便、智慧於一爐，於心氣得若干自在，則能使心氣及明點順逆上下於四輪（chakra）中，因而產生四喜

大令平衡，四喜智慧從心生」〔註321〕。詩歌的內容，不論是對弟子們說教修行之法要、點醒世俗信眾的問題剖析、或弟子們的各種提問，都不離開學法與修行的目的。

這些藏族詩歌的格律，與漢文律詩不同，沒有平仄、押韻、聲調、起承轉合、忌用事項等要求，只在乎每首詩歌有幾段，每段有幾句，每句有幾個音節，應該在何處停頓，哪些句子應該重複？哪些詞語應該對應？這是屬於很自由的民歌表現格律。而多數詩歌是屬於多段回環的「魯體民歌」〔註322〕，與形式最自由的「自由體民歌」。這兩種格律，使得《密勒日巴大師全集》一書中的詩歌，充滿了餘韻回環又活潑自由的特色。

所謂「魯體民歌」，這種詩歌格律早在西元八世紀前後，就已經相當發達，在敦煌發現的古藏文歷史與詩歌的文獻中，已經普遍採用這種表現方式。「魯體民歌」包括了藏族原有的「魯」〔註323〕與「拉伊」〔註324〕、「卓」〔註325〕、「擦拉」〔註326〕、「果諧」中的一部份〔註327〕等。一般而言，每首皆有數段歌詞，以三段歌詞為結構的詩最多。每段少至二、三句，多至有十數句的作品，以每段三到六句的結構最常見。每句的音節數相等，最普遍的是七到九個音節。段與段之間或段中相應的句與句之間，在意思、用詞及節奏方面，皆有「對應」的關係，形成了不少字、詞、句交錯重疊的格律。而最常見的表現方式，是前面各段作為設喻之手法、功能，最後一段則直陳本意〔註328〕。

（初喜、勝喜、離喜及俱生喜）與四智（顯智、增智、勝智及俱生智）。參見《密勒日巴大師全集》30篇註16頁386。

〔註321〕本詩引自《密勒日巴大師全集》45篇，頁587。

〔註322〕此說參見李學琴〈淺談四川藏族民歌——魯〉一文，西南民族學院學報，1996年第五期。

〔註323〕魯——流行在甘、青、四川等地的民歌，只唱不舞。此說參見佟錦華等編著之《藏族文學史》頁860。

〔註324〕拉伊——流行在甘、青、四川阿壩地區的民歌，是只允許青年男女在山林、原野間唱的情歌，不能在家中當著長輩的面唱。此說參見佟錦華等編著之《藏族文學史》頁860。

〔註325〕卓——即鍋庄，此類詩歌流行在四川、甘、青一帶，是結合舞蹈的詩歌演唱。此說參見佟錦華等編著之《藏族文學史》頁860。

〔註326〕擦拉——雲南境內、只唱不舞的詩歌。此說參見佟錦華等編著之《藏族文學史》頁860。

〔註327〕果諧中的一部份——流行於西藏境內，結合圓圈舞蹈而演唱的詩歌。此說參見佟錦華等編著之《藏族文學史》頁860。

〔註328〕此段之說法參見佟錦華等編著之《藏族文學史》頁860～862。

比方：第五十二篇的「行住坐臥四威儀歌」

> 惹瓊吾子善諦聽，汝父密勒日巴者，
> 有時睡分睡中修，睡分睡分而修時，
> 愚癡變成大光明，如是口訣我具足；
> 我有此訣別人無，安得普天諸眾生，
> 皆得此訣我心喜。
>
> 汝父密勒日巴者，有時食分食中修，
> 食中修時如會供，如是口訣我具足，
> 其他人等難知此；安得普天諸眾生，
> 皆得此訣我心喜。
>
> 汝父密勒日巴者，有時走分走中修，
> 走中修時如繞佛，如是口訣我具足，
> 其他人等難如此，安得普天諸眾生，
> 皆得此訣我心喜。
>
> 汝父密勒日巴者，行分行分行中修，
> 行分作分而修時，一切行為融法性，
> 法性體中而解脫；如是口訣我具足，
> 其他人等難如此；安得普天諸眾生，
> 皆得此訣我心喜。惹瓊汝應如是觀！
> 麥貢惹巴速起身！燒火煮粥其時矣！」〔註329〕

此外，屬於「魯體民歌」的，尚有第三篇之「六種心要歌」；第十四篇之「九種進諫歌」、「四種捨棄歌」；第十九篇之「廿一種心要曲」；第二十篇之「無常八喻曲」、「十種艱難曲」；第二十三篇的「十二虛幻歌」、「八種自在歌」、「證道六中有曲」；第三十四篇的「警策正念歌」；第三十五篇的「七三曲」；第三十八篇的「無常幻化六種譬喻歌」、「八種滿足歌」、「八種不足曲」等。

「自由體民歌」的起源也很早，在敦煌發現的西元八、九世紀，吐蕃時期的藏文歷史文獻中，已經有這種創作形式。這種格律主要流行在西藏地區，它的創作形式比較自由，一般詩歌有十幾句的結構，也有長到二十幾句的結構。句數不一定是偶數，而每一句的音節數也不一定相等，有六音節、

〔註329〕本詩摘錄自《密勒日巴大師全集》52 篇，頁 646。

七音節、九音節、十一音節等不同的句式。若爲奇數則全首爲奇數，若爲偶數則通首爲偶數。有的詩歌只唱不跳，有的邊唱邊跳，所表現的內容，大多爲歷史與日常生活的相關內容〔註 330〕。比方第二十三篇之「馬爾巴上師口授曲」：

> 馬爾巴恩師對我言：
> 最勝依靠爲佛陀，最佳伴侶爲信心，
> 最惡妖魔爲妄念，最屬惡鬼爲我慢，
> 最大罪業爲毀謗，行道大障爲妒忌，
>
> 少作無義之言行；
> 不依四力〔註331〕行懺悔，流轉六道無了期。
> 若不積聚福資糧，解脫妙樂不可得。
> 若不斷除十惡業，必受惡趣之極苦。
> 不修空性及大悲，究竟佛果不能得。
> 若欲即身成佛位，無散專一觀自心。
> 密續了義之精華，六法攝盡應勤修。
> 究竟口訣之精義，應修密乘方便道。
> 若求利養與承事，終將成爲魔眷屬。
> 若行自讚與毀他，必墮恐怖之險處。
> 不能調伏狂亂心，語句口訣有何用？
> 因地發心極緊要，空見無生最殊勝。
> 密法修觀深邃故，應修氣脈明點道。
> 俱生智慧應爭取，殊勝上師勤依止。
> 自心無生應徹觀，人壽易盡莫蹉跎。
> 勿求輪迴短暫樂，苦痛亦有利益面！
> 明心即是成佛道，廣聞多爲有何益？
> 百千法師縱聚議，難說較此更勝法，
> 汝應依此善修持。」〔註332〕

〔註330〕此段之説法參見佟錦華等編著之《藏族文學史》頁 862～863。
〔註331〕四力——此處所指可能是四種懺悔淨罪之法：一爲深懺已造之罪、二爲誓不復造罪業、三爲行廣大善業、四爲觀諸法之罪性本空。參見《密勒日巴大師全集》23 篇註5，頁 264。
〔註332〕本詩摘錄自《密勒日巴大師全集》23 篇，頁 257～258。

屬於「自由體民歌」的，還有第十一篇之「難得之九種法」；第十五篇之「八
事備忘曲」；第二十篇之「瑜珈行者之歌」；第二十四篇的「祭神歌」；第二十
五篇的「十五決了歌」；第三十四篇的「覺證歌」；第四十二篇的「指示心要
曲」；第四十五篇的「輪迴大海歌」；第四十六篇的「六種法要」；第四十八篇
的「七支供養曲」；第五十六篇的「無常水泡歌」等，共十一首。

　　總之，《密勒日巴大師全集》一書，繼承了吐蕃時期「贊普傳略」類作品，
插入歌唱的傳統，在散文敘述故事中，錄存了密勒日巴大師身邊所流傳的詩
歌。這樣的寫作方法，既保全了他傳法時所唱的詩歌，也說明了詩歌創作的
相關背景；就密勒日巴大師而言，無疑是他個人後半生事蹟的傳記作品。同
時，這也是文人學習使用民歌形式的首次嘗試，《密勒日巴大師全集》，正是
作家寫作道歌的第一部作品，後世僧徒相繼仿效、影響極遠，在藏族詩歌史
上，形成一種特別的文體。

第三節　敘事與說理合一

　　《密勒日巴大師全集》一書，另一個結構上的特色，是將記敘與論說兩
種寫作文類結合在一起。記敘的部分，是由密勒日巴大師在寶窟大鵬洞中修
行的故事，一直敘述到他示現圓寂為止，以散文記述的方式，歷敘他山居修
行及教化弟子的故事，展現了傳記文學式的書寫內容與手法。而文章的論說
部分，則以詩歌的形式表現，以魯體民歌與自由體民歌的結構，傳達佛教的
哲理思想，與種種修行之要訣。

　　記敘文字的部分，敘述密勒日巴大師後半生的活動事蹟，包括旅居之處
所、接觸之人物、發生的事件等。論說的部分，則傳達佛教的重要思想，如：
中觀思想〔註333〕、唯識思想〔註334〕、如來藏思想〔註335〕與關於噶舉派的「大

〔註333〕中觀思想——印度論師龍樹（約生於西元150～250年）所成立的大乘義，因
　　　　著《中論》一書，故其學派被稱為中觀派。主張緣起性空、因為緣起故無自
　　　　性、因無自性故為空，是以，依緣起可以契會空性，依空而緣起一切等思想。
　　　　（此說參見印順法師之《印度佛教思想史》一書，正聞出版社82年4月5
　　　　版，頁119～130）
〔註334〕唯識思想——西元四、五世紀間，無著與世親兩大論師創立瑜珈行派，其《瑜
　　　　珈師地論》一書，主張人有虛妄分別的原因，為迷亂的識。因為妄識之故，
　　　　所以有能取者與所取相的對立，造成心與境的對立。所以，一切外境都是心
　　　　識的流轉變現而產生，意識主宰著靈魂對外境的所有看法。（此說參見印順法

手印」思想等。分述如下：

（一）中觀思想——

在理論上，藏傳佛教大多承襲著印度大乘佛教的中觀思想。而西元十世紀之後，以大乘空宗理論〔註336〕爲中心的《般若婆羅密多經》等佛典，在西藏大爲流行，藏族思想界乃出現「百家爭鳴」的局面，對於印度佛教般若空宗，產生各自不同的理解與發揮。密勒日巴大師一生，雖然不喜鑽研經典、哲理，但是他所悟解的中觀思想，卻深深契合「緣起性空」、「萬法從緣而有」、「法無自性」等中觀思想，這些思想也大多與印度之中觀應成派〔註337〕之見相契合。比方：第二十三篇之「十二虛幻歌」：

> 世間諸法皆虛幻，故我尋求眞實義。
> 散亂逸樂皆虛幻，故我修習無二理。
> 眷屬僕從皆虛幻，故我獨自住茅蓬。
> 財物資具皆虛幻，我若有之作法施。
> 外所顯境皆虛幻，故我專志觀內心。
> 妄念紛紜皆虛幻，故我追蹤出世智。
> 權教虛幻不了義，我惟觀察了義教。
> 文字經典多虛幻，我惟修持精要訣。
> 語言談論多虛幻，我常無整寬鬆住。
> 生死二者皆虛幻，我惟觀察無生義。
> 凡俗之心多虛幻，我惟增進明體〔註338〕用。

師之《印度佛教思想史》一書，頁 241～275）

〔註335〕如來藏思想——西元四世紀的後半，瑜珈行派興起之時，如來藏之說在重信仰與修持念佛的學流中，也流行不衰。如來藏（即佛性）爲自性清淨心，一切眾生均有此清淨之如來藏，這是眾生皆可以成佛的根據，只是爲煩惱所覆，而清淨之心性爲客塵所染，而淨除一切客塵與染污之後，眾生將能展現自我本具的佛性。（此說參見印順法師之《印度佛教思想史》一書，頁 283～298）

〔註336〕空宗理論——比方龍樹大師的《中論》思想，談「空」的道理，就有人以「空宗」之名來歸類此派思想。

〔註337〕中觀應成派——繼龍樹大師之後，由佛護、月稱與寂無等人衍繹出的思想。此派思想並不認爲有眞正正格的邏輯理由，他之採用邏輯手段，只是要通過論諍而顯示其對手終歸要流露的自相矛盾。（此說參見舍爾巴茨基所著之《大乘佛學》一書，頁 167）

〔註338〕明體——心之本性明朗而空寂，大手印法稱之爲明體。（參見《密勒日巴大師

心執戲論皆虛幻，我惟安住實相中。

密勒日巴大師爲了測驗惹瓊巴的出離心與覺受、證解，唱誦這首詩歌，表達了自己對世間外物、客塵的看法。他認爲世間一切諸法都是虛妄的，遊樂、財物、親友、外境、文字、生死等，也都是虛幻而不實的。這樣的看法，正以一種否定的方式，詮釋著中觀思想的「法無自性」、「緣起性空」等觀點。儘管密勒日巴大師認爲文字、經典也是虛幻的，他的心境，卻是與參透空宗思想的前輩有相同的體悟。

（二）唯識思想——

唯識思想是《密勒日巴大師全集》一書，另一個思想特點，據《土觀宗派源流》一書說：

> 即使是米拉日巴的道歌中，亦有以四種瑜伽〔註339〕作開示，對弟子
>
> 隨其所應講中觀見，也講唯識見〔註340〕。

此派學說的核心思想，主張「離識無境」、「萬法唯心」、「心外無法」等，認爲世界上的一切事物與現象，都是由人們的「識」所變現出來的，包括事物的屬性，如延展性、體積、香味、觸等，都是人們主觀意識下的產物，可以說是一種傾向於唯心主義的學說。就密勒日巴大師而言，世間的一切法，正是隨著自己的心識而改變，整個世界的一切現象，無非就是由自己心識的變化而產生。只有通達、證悟了這個在創造世間一切現象的心識之後，才能成佛，達到究竟之義、無鬼神而平等一味的境界。比方：在第四篇中，密勒日巴大師說

> 一切障礙心所變，自現幻境本虛寂，
>
> 修士若不了彼空，執有實鬼成迷惑；
>
> 迷惑根本源於心，若能洞見心體性，
>
> 即見光明無來去！

全集》14 篇註 6，頁 169）

〔註339〕四種瑜伽——即「專一瑜伽」：明空自心現量證入，晝夜不散，產生各種殊勝美妙覺受，此心專一安住自心空明之體無散亂；「離戲瑜伽」：徹見心之無生空性，離一切有無、是非、對待之種種言詮戲論，超絕名言、入畢竟空之境界；「一味瑜伽」：親證一切法平等性，於一切法得大自在；與「無修瑜伽」：無任何法可修、無進一步之果位可求，進入究竟菩提之圓滿境界。（參見《密勒日巴大師全集》9 篇註 2，頁 115～116。）

〔註340〕此說引自白馬旺杰《〈米拉日巴道歌〉佛教哲學思想初探〉一文，頁 19（本文收錄於佟德富與班班多杰所編之《藏族哲學思想史論集》民族出版社，1991年 7 月北京第 12 次印刷）。

> 一切外境所顯現，皆由迷亂心所生，
> 若能深觀外顯體，即證現空不二理。
> 修行本來是妄念，不修亦是大妄念，
> 修與無修本不二。能所二見迷亂本，
> 若達究竟離諸見，萬法畢竟不離心，
> 心如虛空不可得，窮究法性理如是〔註341〕。

面對崖魔女一而再的挑釁質問，密勒日巴大師了知：一切障礙為心識之變現而來，心若迷亂，則外境、一切如幻夢般生起；心如清淨明覺，則修行可證得「色即是空，空即是色」的道理，不再任由心識為亂作祟，在虛幻中顛倒與執迷。而直接探求清淨心識，是密勒日巴大師對弟子們最基礎的教育，也是他的法教中，反覆論述、提及的修行精義。因為，已證悟的他，明白人的心識為造成生生世世輪迴的大罪人，必得努力去裁制它。這也是為了成佛而努力的修行功夫，所謂成佛，就是除掉眾生的迷妄執著，由染污變清淨，喚醒空明的清淨本性。

（三）如來藏思想——

如來藏思想，順著唯識思想的發展而來。如來藏就是佛性，是眾生成佛的根據，也是眾生本來具有的清淨如來法身〔註342〕，它是不生不滅、脫離一切染污、沒有無明、沒有煩惱、自性清淨而真性不變的。所以，在成佛的原則上，眾生是絕對平等的。密勒日巴大師一生，不深究經典、論著，憑著實修苦行、悟透了這個真理，明白「迷」與「悟」的關鍵，決定著眾生是否能解脫輪迴而成佛。比方：第七篇中，他說

> 外顯諸境皆是心，心即明顯之體性，
> 明體無相無可執，此三見訣應受持。
> 妄念解脫於法身，明空任運自安樂，
> 無整寬坦舒鬆定，此三修訣應受持。
> 十善法性力中增，十惡法爾自性盡，

〔註341〕此段引自《密勒日巴大師全集》4篇，頁72。
〔註342〕堪布卡特仁波切《大手印——堪布卡特仁波切》一書，論述一切眾生皆具佛性之說，認為：1.心能察覺各種外象，但是心並沒有顏色與形狀之別，此為心的空性 2.每一個眾生對自己的親人眷屬都有慈悲心，此為佛性的表現 3.每一個眾生都會保護自己、懂得令自己免於飢渴與恐懼，此為智慧的表現。（台北噶瑪噶舉法輪中心，印贈結緣）

明空無需諸對治，此三行訣應受持。

無有輪迴之可斷，無有涅槃之可證，

自心本來原是佛，此三果訣應受持。

此即法性本來空，惟師能令悟此要，

三要攝內成一要，繁行多求終無益，

悟卻俱生即到家〔註343〕。

大師向五名前來求教的尼師，開示見、行、修的精要。他的看法融合了唯識思想與如來藏思想二者，直接針對心性來剖析，以自己的悟境作爲她們修行的依準。這是透過實修得來的證解，與印度佛學前賢們的認識正契合。密勒日巴大師不依經授徒，而以實際修行來證明佛理之交互融通，與唯識、如來藏思想對於世人的廣大助益。

（四）噶舉派的「大手印」思想

「大手印」思想，強調不執著過去、現在、未來，而任運無作、寬緩自在的安住於當下之明覺中，爲一種無上殊勝之心法，是藏傳佛教噶舉派的最高心法。「大手印」法，主要是將修中觀而證得的空性見，和依密教的方便道〔註344〕而引生的大樂兩者結合而修，即能現證三身。首創者爲印度法師——梅紀巴，噶舉派之創始人——馬爾巴曾依止他學習密宗之修行儀軌。梅紀巴在印度廣爲弘揚「大手印」法，攝受許多徒眾，而「大手印」思想傳入西藏之後，眞正形成比較有系統的理論體系與實踐方法，是在岡波巴大師的時代。

「大手印」法的傳授，又分爲顯、密兩種。顯教式的教授，追求悟心，並沒有修報、化二身之法，也可以說：修習空性，即爲噶舉派「大手印」法之顯教教法。而「大手印」法之密教修法，指的是修「風息」，就是修習禪坐、氣〔註345〕、脈〔註346〕、明點〔註347〕等，主要的內容類似於今日所謂的氣功。

〔註343〕此段引自《密勒日巴大師全集》7篇，頁95。

〔註344〕方便道——密乘以善巧方便之法要，引導行者、使之疾速悟道，故名爲方便道。取其巧妙善巧之義，如種種氣脈觀，及六種成就觀法即是，頗盡善巧方便也。（此說參見《密勒日巴大師全集》2篇註17，頁40。）

〔註345〕氣——此處專指身內之各種氣。如：上行氣、下行氣、平行氣、偏行氣、業氣、命氣等（參見《密勒日巴大師全集》7篇註14，頁102）

〔註346〕脈——指氣及明點所經行之道類似脈絡或神經但亦不全是（參見《密勒日巴大師全集》7篇註14，頁102～103）

〔註347〕明點——泛指身體中之各種精華之分泌物。（參見《密勒日巴大師全集》7篇註14，頁103）

這也是密勒日巴大師，一再提及空性修習的必要，與禪坐、靜修等實修方式的重要因素。比方第三十四篇他說：

> 我修大手印觀時，心住本然離造作，
>
> 無散亂中鬆鬆住，空性境中明朗住，
>
> 喜樂境中明體住，無妄念中惺惺住，
>
> 眾緣境中平等住，此心如是安住已，
>
> 無減決信種種生，自明任運事業成，
>
> 任何果報無需求，心離願求甚樂哉！
>
> 希懼二執盡除故，如是覺受甚樂哉！
>
> 一切迷惑與妄念，盡成智慧甚樂哉！〔註348〕

密勒日巴大師在與寺院僧眾們展開辯論時，說明自己修「大手印」法得到證悟後，心住空性境界、平靜喜樂的心情，與得到「大手印」智的殊勝成就。此說既明白展現大師究竟通達了「大手印」的傳承，也將所有樂受表達出來，作為弟子們修行的標竿。「大手印」思想，即成為噶舉派學人修行的中心思想，融顯、密教法為修行法要最佳之用。

在敘事部份，除了二十八、二十九、三十與三十一此四篇之外，《密勒日巴大師全集》皆以質樸而通暢的文字，縷縷記述著一位實修大師的事蹟。而在說理的部分，書中所保存的詩歌，深切的以佛教大乘之思想為基本論調，證明了由拙火定與那諾六法實修，可以參悟中觀、唯識與如來藏等佛法真理。而「大手印」法的闡述，更突顯了藏傳佛教中，噶舉派極特殊之修行法門，這個法門不只是要弟子們修習空性，了解一切事理與外境；更創出一套修身之法，幫助人們不再輕易受色身的干擾，可以全心專注在意念的淨化上，這是噶舉派至高的「即身成佛」修行法門，而且至少有密勒日巴大師這樣一位瑜珈士的成就與證悟可資證明。

〔註348〕此段引自《密勒日巴大師全集》34篇，頁409～410。

第五章　故事情節與人物分析

　　宣揚佛教教義是《密勒日巴大師全集》的本質性內容，也是作者桑吉堅贊創作的主觀宗旨〔註 349〕。密勒日巴大師幼年遭受欺凌，因此對於不幸人們的苦難深有體驗，剖析特別精闢；而他長年辛苦與精進的求法歷程，特別是隨順因緣、對弟子們的教誨生涯，使得桑吉堅贊在敘述故事情節時，極力展現內容豐富精采、行文流暢的創作特色。也因為書中的法教所解決的是眾生的生命難題，所以有許多特別著墨、記述的代表人物，可作為修行者的楷模。

第一節　故事情節

　　《密勒日巴大師全集》一書，第六十一篇的註解曾提到：全書之組織，是由三大類之故事編集而成，一為「密勒日巴降魔的故事」、二為「密勒日巴攝受人間弟子之故事」、三為「其他雜類的故事」。這個分類方式，主要是依密勒日巴大師所攝受的弟子，為人類或非人類來判斷。然而身分與種類，是人物分析上的標準，並非真能凸顯出《密勒日巴大師全集》一書，在故事情節的描述上，有特別突出的內容。因此詳細比對之後，此處將全書之故事情節分為五個特點。

　　這五個特點，一為「降妖伏魔的內容」、二為「點醒眾生的刻意作為」、三為「對佛教僧徒的教導」、四為「與大成就者的會晤」、五為「供養上師」。

〔註349〕此說參見祝注先之《中國少數民族詩歌史》一書，頁 95。

分述如下：

（一）降妖伏魔的內容

　　密勒日巴大師一生，遵守馬爾巴上師的指點，住山清靜苦修，而山林曠野間，多的是山精鬼魅，因此時常碰見鬼怪。對他而言，這種際遇不單只是尋常便飯，也是修行上的逆增上緣〔註350〕。再則，密勒日巴大師晝夜精進修行，修習「即身成佛」的法教，不但成就大而且快速，使得他所到之處附近的鬼魔，不由得興起惱害修行成就者的瞋心與妒意。所以，道歌集中關於降伏各種鬼魔的記載很多，至少有十一個篇章敘述了這樣的情節。

　　在降妖伏魔的情節敘述中，又可以分成兩種情況，一種是主動來犯的鬼魔，比方第一篇中，趁著密勒日巴大師出外撿拾材薪，到山洞裏作怪的五名印度鬼。他們假作說法、聽法之狀，並任意翻閱經書，佔據著山洞不走。儘管他們以各種方式威嚇大師，但密勒日巴大師只是心持無畏定見，直衝進山洞，鬼怪就嚇跑了。又如第五篇，密勒日巴大師在繞馬谷的菩提坳習禪定時，天上天下，剎時間遍佈著千萬凶惡猙獰的魔軍來侵擾，不但個個口出惡言咒罵，還變化出熊熊烈火、漫天洪水、山崩地裂、種種武器漫天襲來等幻象。然而，經過大師慈憫的解說，自己已經超越心識境，對任何神變都不為所動了，以及魔軍遭此惡報身之因與痛苦，與修習正法的重要，眾魔遂深心懺悔，以身、心、性命供奉給大師，並發誓遵行其一切訓示，成為護持密勒日巴大師的非人眾生。

　　另一種降妖伏魔的情況，是緣於施主的請求，因此密勒日巴大師到特定的地點收伏妖魔。比方第二篇，施主新多瑪與和尚——釋迦古那等人，請求大師到拉息雪山附近的覺磨鬼崖去住。當他走到拉息雪山山麓時，許多妖魔紛紛幻現各種神變來攻擊他，幸得空行母的幫助，而順利穿過山麓。妖魔們又摧毀山脈，使湖水暴漲，掀起濤天巨浪，卻都一一被大師降伏。不久，連尼泊爾巴若地區的千萬魔軍也來攻擊大師。密勒日巴大師唱誦「因果不爽曲」、「七種莊嚴曲」來勸告眾妖魔，深深感動了他們。後來順應他們的請求，

〔註350〕《密勒日巴大師全集》28 章裏，大師之言曰：「瑜珈之道卻不應認為魔障一
　　　定是壞的！外境之魔擾變現，對慚息的初修行人來說是一種促發精進的鞭
　　　策，所以實為一種助緣，能滿眾願。……。對於修行經驗深厚和已得堅固禪
　　　定之行者來說，（外魔之障礙）反能善護正念及智慧，並擴大心體之光明，使
　　　內證三昧越發增強。依此增益必能激發殊勝之菩提心使道行越趨深廣。」（頁
　　　332～333）

又唱「七種眞實歌」、「知因果曲」、「確信證解歌」等，攝受了巴若大魔與大力鬼湯眞及其眷屬們。就連女妖們以「性」作爲侵擾的幻象，也都被超脫一切世間法的大師，那澄澈明淨、毫無掛礙的心念所破。

（二）點醒眾生的刻意作為

弘揚佛法，是密勒日巴大師後半生生涯中，隨處、應機、應時，在實行的貢獻。而他在傳授法教時，除了吸引人的言說與詩歌之外，更特別的是他那些刻意做作的舉動。這樣的特殊行爲，可以用「示現神通力」爲代表。不過，值得注意的是，「神通力」只是爲了堅定弟子們的敬信與震攝一般人，是一種善巧的教法，並沒有違背佛陀的教喻，也不是密勒日巴大師教授弟子的主要目標。而密勒日巴大師示現神通力的對象有三類，即門下弟子、本教徒與佛教徒三種身分。

密勒日巴大師爲了要引發弟子的信心而展現神通力，比方第十七篇，他在上郭通地區的小溪旁，得到空行母的授記，應該攝受寂光惹巴爲心子。他便就在水面上輕輕走過，吸引了寂光惹巴的好奇與信心，並且在寂光惹巴想要供養馬匹、衣袍、頭巾、玉石、武器、廟宇和自己的妹妹等物時，趁機說法、加以引導，告訴他修行者無比殊勝的所得與心樂。

又如第三十八篇，密勒日巴大師爲了要去除惹瓊巴自印度求法歸來，所生起的我慢心，和對上師的不敬與邪見，展現了飛馳迅速的神足通，又將身體收進牛角最狹窄之處，以躲避冰雹的侵襲。接著於第三十九篇中，大師在草原上變幻一場野馬迅速繁殖、馳躍遊戲的境象，藉以教導惹瓊巴：不要貪圖玩樂、放逸；又示現傳承諸上師齊集的莊嚴寶相與無盡光明；以全身之重要脈輪，幻化爲上樂金剛、喜金剛、釋迦牟尼、密集金剛等本尊；在山巖與水、火之間，示現種種安住的威儀；又碎裂巨石，如同撕開麵包一般輕易、拋擲如同水之噴濺、踐踏它如同黃泥；整個人在空中遨遊，像鷲一般上翔、如鳶一般突降；展開衣袖如翅般騰空飛去。經過這種種神通展現與苦心勸說，才使惹瓊巴去除了所有邪見，再次生起不共的信心。

第二十二篇所敘述的，是密勒日巴大師降服外道的故事。所謂「外道」，此處指的是本教徒——那若笨瓊。大師與弟子們行至笛色雪山的瑪滂湖畔時，久已聞大師之名的那若笨瓊，正帶著師兄弟姊妹們、在湖畔等候。那若笨瓊故作不認識之狀，要脅大師：若要留下來居住，必得信奉本教，否則就較量神通與法力，勝者成爲該地的主人。密勒日巴大師知道，這是本教徒們

有意的刁難，即以身騰空、將瑪滂湖全部蓋住，而身形未見增大、湖面也未見縮小，又抓起瑪滂湖置於指尖，而湖中的魚蝦水族，竟絲毫不受損傷與驚擾。那若笨瓊舉起一塊犛牛般大小的石塊時，大師將他連石頭一把舉起來。最後，兩人比賽登上笛色雪山的峰頂，那若笨瓊足跨著大鼓飛去，卻只能在山腰間兜圈子，好不容易才上得去；而密勒日巴大師一彈指，一襲布衣飄揚似鳥、剎那間就登上峰頂，安坐在山頂上等候他。那若笨瓊這才謙虛而誠懇的佩服大師，並不再佔山為私心之用。

第四十四篇故事，敘述密勒日巴大師調服了對他極懷瞋恨的和尚們。密勒日巴大師明知道某個寺廟中的和尚，對他有強烈的瞋恨心，他依然不理會弟子們的勸阻，前往拜會。廟裏的和尚一見到大師，就全體擁上來，毆打、鞭笞他，虐待了很久之後，再將他綁在廟裏的柱子上。不久，大師在寺外出現，他們又百般毆打，直到盡興才放他走。忽然間，大師在廟裏的大殿上出現，而僧人們卻沒有辦法推得動大師，他的身體一逕地穩若磐石。和尚們才警覺到，這是位得成就的瑜珈行者，並起了強烈的懺悔心。密勒日巴大師遂應機說明修心之道，使他們生起信心，不再造作罪業，對一切法也都能生清淨之見，同時，攝受了根性成熟的有緣弟子——黎果比丘（又名黎果夏汝哇）。

（三）對佛教僧徒的教導

密勒日巴大師與佛教徒的互動，除了示現神通，攝服他們，並收受出家弟子為徒之外，還有對誠心來拜訪者，順應所求的開示，與對惡意質辯之徒的言談這兩種情況。以尋常開示的情況最常見。比方第七篇，提到密勒日巴大師向五位年輕的尼眾傳授「甘露口訣歌」，告誡她們修行上須特別謹慎之事，如：必須恭敬上師、絕不生計較辛勞的妒心與惡念；堅守密宗戒律、不與破了密宗戒律的惡人交往；不因學思聞多而生我慢心；與友伴共修時，不涉及世事外務；修持密法時，不可降魔、做法事；有所證解，不談神通與預言等。而且要在寂靜山中修行，保持生活樸實、寧靜，與心境的謙卑、專注、禮讓與堅毅等。

第十五篇，記載密勒日巴大師到寫日地區的耶汝絳鎮的旅店中化緣，巧遇在旅店中說法的格西——約如唐巴。和尚們雖然晚間講法頻繁、十分忙碌，黃昏時以蹲坐之姿習禪定，早晨也不停的說法與念經，但密勒日巴大師依然輕易的看出這些法教的核心問題。他用提出疑問的方式，告訴約如唐巴格西：自心尚未調伏，不能調伏有情眾生；自身貪欲不斷，不能為人斷卻昏沉與掉

舉之毛病；美麗的廟宇，是無常的象徵，欺騙與痛苦的淵藪，不可貪著；卜筮、算命等方法，如同行詐術之騙子；用心聚集徒眾，如同御奴之官吏；不得精要的法教，如同謊人之說騙語。這所有重點的主因，都歸結在為師者己身尚無法自度，更別提度他人。約如唐巴格西被點破了修行與教授的問題之後，對大師產生無比的信心，即刻下法座、向他頂禮。密勒日巴大師並於此地攝受了一名有緣的出家弟子——賽文敦瓊惹巴（又名賽文惹巴）。

　　第三十四篇故事，提到密勒日巴大師與佛教法師們精采的辯論。在雅龍地方的一所研習佛學與因明〔註351〕的寺院，裏邊的和尚們素來對密勒日巴大師十分妒忌，常常毀謗他、說他是行邪法的外道。院中主要的兩位法師——羅頓格登崩（以下簡稱為羅頓法師）與熱頓達馬羅著（以下簡稱為熱頓法師），派了三個有學問的和尚去質詢大師，密勒日巴大師將自己的覺證、悟境，生起次第之本尊觀，修氣、脈、明點的方法，大手印及其修法，無比尊貴的上師眾，一一告知三名和尚，他們不由自主的生起信心，並向大師恭敬禮拜，並請求攝受為比丘瑜珈士。而尚未死心的羅頓法師，在法會場合上要求大師立一個簡單的因明量〔註352〕，密勒日巴大師詳細告知他：不要貪著語言文字，應在禪定中心住本來法性，於行住坐臥四威儀中隨順對治煩惱，才是真修行。否則貪著說理，而不切實修行，只會造成妒忌、我慢與五毒等煩惱，將墮入下三塗的果報。而熱頓法師更是動手往大師臉上灑灰塵，企圖羞辱密勒日巴大師而未果。

　　隔天，又假作懺悔，想要以說講佛法的表現勝過大師。大師展現神通、一一觸破熱頓法師的說法，宣講「六波羅密多」、「十波羅密多」等，並告誡熱頓法師：他的身心已為魔鬼所攝。熱頓法師不但不悔悟，更加詈言怒斥，直到被惹瓊巴暴露了醜行〔註353〕，才憤恨離去。又隔一天，對大師的證悟已略有信受的羅頓法師又來求教，產生不共的信心之後，真誠的請求教授、並真實修行，成為密勒日巴大師五大出家眾弟子之一，而至死不悔的熱頓法師，

〔註351〕因明——講求理則的學問，類似西洋之邏輯學，是為了兩種不同的宗派與見解發生辯論時，找尋一共許之辯論準則及方式。因為也講「何謂真」，所以又牽涉到認識論方面的問題。（參見《密勒日巴大師全集》34 篇註 1，頁 433）

〔註352〕因明量——即因明學上的「立量」，普通含 1.宗：主張或議論；2.因：主張之理由；3.喻：舉例說明。（參見《密勒日巴大師全集》34 篇註 18，頁 435）

〔註353〕密勒日巴大師知道熱頓法師已破色戒，隱語暗示他，而衝動的惹瓊巴立刻去向那名女子借手釧，向大家展示；隨後又到女子工作的地方，從她手中拿到熱頓法師的念珠。因此，大家都知道熱頓法師與該名女子有染。（參見《密勒日巴大師全集》34 篇，頁 428）

則在極端的瞋恨中死去。

（四）與大成就者的會晤

第三十三篇的故事，曾提到在印度與西藏一帶，有五位得大成就的瑜珈士，即那多的古汝彩清、亭日的當巴桑結、尼泊爾的洗那巴若、印度的達馬菩提與雅龍的密勒日巴五人。而《密勒日巴大師全集》中，記載著大師曾會晤過印度的達馬菩提與亭日的當巴桑結，與這兩位有過機鋒相遇的對談，並且彼此請教、互相讚歎。

第三十三篇，描述密勒日巴大師正在雅龍的著普洞中，宣講心要密義之時，聽說洗那巴若特別請達馬菩提到巴波堡說法，許多尼泊爾和西藏的人民都去朝見達馬菩提，連密勒日巴大師的徒眾也想去。因此，惹瓊巴說盡各種理由，竭力勸請大師去拜訪達馬菩提，大師為免弟子多生疑慮，答應隨弟子之後去會見達馬菩提。他將身體變成一座水晶寶塔，從空中飛掠而至弟子群中，達馬菩提一見大師走近，立即下法座、恭敬頂禮。兩人在法座上愉快地交談了半天，並分享獨居之怡樂心境，降服怨敵之法，與見、行、修之法要等。

第五十三篇，敘述密勒日巴大師在夢中，見到一尊獅面空行母前來敦促，要他去看一看已到通那山來的當巴桑結。當巴桑結也因為同樣的夢境，出發來見密勒日巴大師，兩人就在通那山下碰面。大師先變成一叢鮮花，當巴桑結乃趁機請問他：面臨死亡有何把握？大師唱了「面臨死亡六種把握歌」，又告訴他心中所證悟的絕對喜樂。密勒日巴大師也請教當巴桑結，他的「息苦法門」口訣。最後，密勒日巴大師以自己的身體作為會供的供品〔註354〕，而當巴桑結則變幻七個化身，各站在七根馬尾草的尖端，密勒日巴大師也做同樣的幻化，一同舉行會供，得到六種滿足，結束了一場成就者們殊勝的會面。

（五）供養上師

「供養」，此處指的是以物質財富供養佛與僧，而藏傳佛教密宗的修學中，供養上師是非常重要的。因為密宗的修習，最重要的是依止上師，尤其是令自己得到成佛修行法要的根本上師，行者應視之為三寶具足之尊，為佛的代表。因此，儘管以財物為供養的物品，算是最低等的供養〔註355〕，為著

〔註354〕大師將自己的頭顱、連同腦髓等物一併取下來，又把兩臂齊肘折斷，連帶頸骨作成一個灶架，把頭顱放在灶架上，由臍間放出拙火煮燒顱器，燒沸了其中的腦髓，突然放射出五色光明來。（參見《密勒日巴大師全集》53篇，頁672～673）
〔註355〕此說參見湯清琦〈試析《米拉日巴傳》中師徒間的供養問題〉一文，頁75（本

對上師的無比恭敬，依然時時進行。所以「供養上師」的情節，在《密勒日巴大師全集》中，也成為每一篇章的特色，每個前來求法的弟子、施主，甚至天人與妖魔，都少不了恭敬供養密勒日巴大師的舉動。而接受「供養」的時候，不僅是密勒日巴大師隨機教化弟子的良緣，也是大師他們師徒接受世間八法〔註356〕考驗的時候。

　　前來供養密勒日巴大師的，有不少非人，如天人與妖魔。比方第七篇提到藥磨雪山的山神女，於大師初到虎崖獅堡居住時，就示現和善美妙之相，接受訓敕並圓滿供養上師。第四篇提到密勒日巴大師於嶺巴崖中修行時，崖魔女——罩森姆，變幻為紅色母狗、咬住大師的左足趾。大師向她開示瞋心與貪欲、嫉妒等五毒，使她墮此惡報身、成為魔女，並奉勸她修習正法，告訴她息滅煩惱之心法，攝受她為徒，並傳與戒法。隔天，崖魔女就率領她的眷屬們，展現端莊美麗的身形與裝飾，帶了許多食物在密勒日巴大師面前作了圓滿的供養。所有的妖魔眷屬們，並且同時發下重誓，將身、心、生命都交付大師，聽從大師的訓示，並為一切學佛者作護法與助緣，而所謂「身心生命全部」，就是所謂的身、口、意三者的供養。這種供養將使弟子的學法效果更好，這代表了修行者的意願，一切都依循上師教誨，毫不質疑與猶豫，表現了至虔的信心，因此成就也特別大。

　　人眾弟子與施主們的供養，不論貧富、於求法上的供養，都絲毫不慳吝。比方第三十七篇，富家女薩來娥因為夢見日月的吉兆，帶著食物與茶點前去供養密勒日巴大師一頓早餐，並且向他求教。不久，又攜友伴追隨到雅龍的腹崖窟去求法，並以金子為供養品，密勒日巴大師測試了薩來娥能否專志修行的決心與勇氣之後，再將金子交還給她，命她向上師與本尊舉辦會供。大師遂傳她顯教的居士戒和密宗的灌頂，又傳給她各種口訣，就命她去修行。不久，她產生了種種暖相功德，已經可以獨自住山修行。

　　第四十八篇，敘述密勒日巴大師在咱馬修行時，一對素來對大師有著殊勝信心的夫妻——新多姆與來賽朋，前來迎請大師，將密勒日巴大師接回家供養了七天。期間，來賽朋曾經託大師照看小孩與綿羊，然而大師什麼事也沒管，引起來賽朋心裡不悅，經過大師的提醒：無菩提心的學佛、不偏私的

文收錄於《西南民族學院學報》哲學社會科學版，1994年第3期）。

〔註356〕世間八法——又名八風，即利、衰、毀、譽、稱、譏、苦、樂。（參見《密勒日巴大師全集》1篇註9，頁24）

佈施、無根無實的供養、無有悲心之施捨、摻和八法之持戒等，未斷我欲的「成就」。來賽朋乃心生愧疚，又取出大塊玉石供養尊者，並請求傳法。大師教導她捨離愛樂、言說、妄念、親眷、自傲、驕慢等修觀精要。後來，她依著指示修行，終於成為一個「上了道的瑜珈母」〔註357〕。

「供養」，可以資助修行人的道糧，使生活不虞飢餒，但是施主們的用心，卻也會造成某些修行的障礙。比方第五十二篇，描述雅龍的施主們貪好惹瓊巴的年輕俊美，認為這個小瑜珈行者比密勒日巴大師強，因為他去過印度兩次，因此年輕的施主們都到惹瓊巴那裏去。某一天，許多施主們供養惹瓊巴很精美豐盛的食物，對大師卻只供養一塊乾癟的肉、一瓶發酸的酒和少量的糌粑粉。惹瓊巴發現之後，認為自己已成為密勒日巴大師的障礙，十分堅持的請求離開上師，要到衛地（西藏中部）去。大師多方慰留無效，只好送他下山。再三試驗他對上師與金剛弟兄們的信心，與一切修持的心要，才放心讓他遠行。當施主們知道這件事之後，大師假意順著他們對惹瓊巴的責難，讓他們知道這一切不當用心已被識破，並且提出施主們所犯的十六種錯誤謬行，勸告施主們修正言行。詩句說：

> 為釣名故而積資，為現世法求皈依，
> 為果報故行佈施，為我慢故行供養，
> 如是四種之供施，不能與法得相應。
> 為貪口腹作會供，為爭名利學法典，
> 閒談高歌樂放逸，求虛榮故為人師，
> 如是何能得加持？
> 滿足說法慾望故，隨意而說離經據。
> 滿足虛榮吾慢故，喜愛奉承受人禮。
> 不明根器而授徒，自誤誤人大混亂。
> 拼命鑽營求財寶，假名佛法實「商法」。
> 以上四種之邪行，豈能利益諸眾生？
> 不能獨居喜散亂，不能耐苦喜欲樂，
> 不能修觀喜閒談，機心算計世間法，
> 如是四種之心法，焉能令人趨解脫？

後來事實證明：惹瓊巴未得證悟成就，即因為這個障礙而離開上師，到了衛

〔註357〕此語見於《密勒日巴大師全集》48篇，頁621。

地之後，不久就陷入與甸布女的糾葛中，經過密勒日巴大師變幻的老乞丐所助，才成功的遠離了情感的纏縛。

《密勒日巴大師全集》一書之故事情節，有如上所述五個特點。「降妖伏魔」與示現神通力的情節，正可見出充滿了描述神幻內容的宗教文學作品特色，例證之一是妖魔角色的刻畫，二為對神奇力量的描寫。「對佛教徒的教導」，尋常開示的內容，指點了佛教徒們切實的修心法要，並且糾正那些執著語言、文字、哲學，而未能真實修持的法師，彰顯學佛與修行的真意，並導正當時某些佛教徒的問題。「與大成就者的會晤」，展現修行成就者彼此間毫無壁壘的相互欣賞與讚歎，讓弟子們真實的見識到真正開悟者的風範與胸懷。「供養上師」的情節，展現了密教修行人的重要規矩，瑜珈行者們也從這種與世人接觸的方式，考核出證悟的程度，並成為教化眾生的一種資具。這些精采的故事情節，展現的是，完全證悟的密勒日巴大師、隨緣而應機的引領眾生，走向解脫道的心法。

茲列篇章分類於下：

分　類　主　題	篇　章　號　碼
降妖伏魔的內容	1，2，3，4，5，6，8，28，29，30，31。
點醒眾生的刻意作為	3，17，22，27，34，38，39，47，52，60，61。
對佛教僧徒的教導	6，9，13，15，18，34，40，41，42，43，44。
與大成就者的會晤	33，53。
供養上師	每篇都有此情節。

第二節　人物分析

《密勒日巴大師全集》一書，所刻畫的人物有上百個，而清楚寫出姓名的只有五十六個，其他沒有記名字的人物難計其數，通常都以他們的身份來指稱，比方：施主、和尚、本教徒、密宗行者、女妖等。而提到姓名的五十六個角色，如依種類來分，則人類有四十六個、非人類有十位；若依性別來分，則男眾生有三十七位、女眾生有十九位。在分析人物時，此節擬以這特別著墨書寫的五十六名人物為對象，討論人物的特殊職業與社會身份，和形象塑造等特色。並分述於下：

（一）人物的特殊職業與社會身份

桑吉堅贊在書中描繪了上百個角色，有些只是以「密乘行者」、「五尼眾」、「八名非人天女」、「日喔班巴的地神」、「藥磨之山神女」、「本教徒」、「和尚」等身份，就一語帶過。有時候，對於與密勒日巴大師有特別互動的人物，卻會格外提到他的本來職業。這些特殊職業〔註358〕為醫生、獵人、商人與牧羊童。試分述之：

1. 醫生——第四十一篇，以極長的篇幅敘述岡波巴大師，這位傳承法脈之弟子的故事。作者桑吉堅贊在篇章之首，先敘述密勒日巴大師座下，這位如日輪般光耀的首座弟子，曾經被佛陀授記的預言〔註359〕，並詳細記載岡波巴大師的家世背景、學佛因緣、求法之歷程與一切證悟的成就。

2. 獵人——第二十六篇，敘述八名心子之一的獵士金剛護，素以山林打獵維生。某天正放出獵犬、追逐黑鹿之時，遇見在尼香古打山上居住、禪修的密勒日巴大師。獵士金剛護滿腔的戾氣被大師撫平，不但請求大師攝受為徒，更請求大師為瞋恨心重的獵犬超度，並引導時時活在恐懼中的黑鹿趨入安樂之途。

3. 商人——第十五篇，敘述密勒日巴大師在旅店中、向商人打哇挪布化緣。打哇挪布質疑瑜珈修行者們不自食其力之因，大師唱「八事備忘曲」，告訴他：自己一心修行之緣故，與精進修行的重要性，並指點他修持佛法之方式。打哇挪布依法行持，乃成為一位極優秀的在家居士瑜珈行者。

4. 牧羊童——第十二篇，敘述本為牧羊童的惹巴桑結加（又名佛護布衣），前往繞馬的菩提坳、請教密勒日巴大師關於「心」的疑惑。經過四次往返答問之後，他依大師的指示習禪定，常常在山林間修習、幾天住在定境中，親友皆不見其蹤影。他的父親遂鄭重將他送到大師的住處，正式成為密勒日巴大師的弟子。

〔註358〕這些不同的職業，顯示出密勒日巴大師所教化的弟子，來自於不同的成長背景、不同的家庭環境，卻同樣有著為生命尋求解脫真理的渴望，因此特別提出代表人物為證。

〔註359〕《密勒日巴大師全集》41篇說：佛陀曾於《三昧王》等經中親自授記大師之降臨，其他甚多大乘經典中亦曾有岡波巴大師之授記，尤以《悲華經》之授記特別明顯。經曰：「阿難！佛滅度後，未來世時，於北方國，將來比丘，名曰『醫師』。已曾事敬過去諸佛，宿植德本，發殊勝心，入大乘法。為利眾多有情，故行菩薩行。其人博學多聞，善持菩薩經藏，弘揚大乘妙法，樹大法幢，十方普聞⋯」

不過，桑吉堅贊筆下的人物，最常以他們在當時社會上所具有的身份〔註360〕來描述。比方：上師、和尚、印度成就者、本教徒、密宗法師、瑜珈士、富家子女與強盜，分別舉例說明如下：

1. 上師——第一篇故事，記述了密勒日巴大師的根本上師——馬爾巴大師。而誠摯的思念，甚至感動了上師，因此見到馬爾巴大師騎著一隻眾寶莊嚴的大獅子、威光顯耀，在一片如錦繡的五色祥雲中，飄飄的降臨在虛空中，提醒密勒日巴大師不要被希望與怖畏的惡魔所乘。

2. 和尚——出家和尚，在《密勒日巴大師全集》一書中，數度扮演了很特殊的角色，既暴露出當時學佛者的問題，也因為他們求法，呈現了許多行者實修過程中所需的法要。如：第二篇中，請求大師去收伏妖魔的釋迦古那；第十五篇裏，心子之一的賽文惹巴；第三十四篇裏，與大師辯論的羅頓法師，極度瞋恨大師的熱頓法師；四十一篇所敘述的、出色的岡波巴大師；四十三篇的者頓吉祥燃（又名者頓惹巴）與第四十四篇的黎果比丘。

3. 印度成就者——除了三十三篇提過的達馬菩提，與五十三篇敘述的當巴桑結之外，第三十五篇中，還提到一位女性瑜珈修行者——馬幾羅著。惹瓊巴第二次到印度求法，就向她學得了長壽法口訣。

4. 本教徒——第二十二篇故事中的那若笨瓊，是密勒日巴大師特別指導過的本教徒。而大師在第二十四篇裏，更特別為一位垂危的本教徒唱了十一支祭神歌，開解了他的心懷，他竟又健康如昔，成為當時的奇蹟事件。這些詩歌最特別的地方，在於密勒日巴大師是模倣本教的歌調與模樣而演唱的，不過，書中並沒有留下該本教徒的姓名。

5. 密宗法師——第十八篇的雁總頓巴，與密勒日巴大師、賽文惹巴兩人巧遇。大師跟他開示：密宗行者必須先畏懼輪迴諸苦，從心底深處根本捨棄此生的一切，對疾速地取證菩提具有極大的意樂和努力，而且要依止一位具相的上師，切實依著他的訓示，心無旁騖的去修行。雁總頓巴乃虔誠追隨著密勒日巴大師修行，而且他也是八名心子之一。

6. 瑜珈士——第四十篇，敘述了一位廉族的瑜珈士——連貢日巴，他久聞大師之名，特地從達波來拜謁密勒日巴大師。由大師教導他：斷除貪欲和

〔註360〕這些不同的身分，顯示出與密勒日巴大師接觸的人們，對於佛法的理解程度、對修行生活的體悟、與對生命的態度，而這些不同的特質，來自於他們在社會上慣常扮演的角色。

執著，遠離妻、兒、人情的枷鎖，和財物、矜慢等障礙，施主、徒眾等耽擱修行之觸緣，酒與昏沉、勞累等消耗集中力的因素，遊樂、閒談等散亂的原因。後來他依法修持，成為岡波巴大師第一個金剛兄弟、施主與弟子。

7. 富家子女——密勒日巴大師門下的富家子女不少，比方：第二篇的新多瑪，第三篇的娥慕，第十四篇的巴達朋，第十七篇的寂光惹巴，第二十一篇的哦岡惹巴，三十七篇的薩來娥，四十八篇的新多姆與來賽朋等人。若是重要弟子，都是能捨棄富貴與享樂，終生努力修行而得證悟的瑜珈行者。如為一般施主，則他們對於上師的恭敬與禮數，均是特別周到的。

8. 強盜——第十六篇故事的主要人物——熾貢惹巴，曾經是寫日地方的強盜首領。某天，一群人在山洞中看見密勒日巴大師那異常刻苦、沒有外緣供養的修行生活，就生起極大的信心，並獨身請求成為大師的弟子。他也是得到究竟覺受與證解的心子之一，而他的原始身份，也是密勒日巴大師的重要弟子中極特殊的。

（二）人物形象的塑造——

桑吉堅贊在這百多個角色中，刻畫了主人翁——密勒日巴大師：一個心性圓滿證悟的人物，並具有清明的智慧與無比的神通力，他的存在如同光潔鏡面一般、反映出了眾生心性的問題，與修行的障礙，更似一位替眾生的病苦提供藥方的辛勞醫生。但是，除了密勒日巴大師之外，只有惹瓊巴常常擔任第二主角，與大師對話，反覆再三的描寫關於他的事蹟。可見，作者桑吉堅贊因為寫作《惹瓊巴傳》一書的關係，對惹瓊巴的深入了解，也在此部《密勒日巴大師全集》中，可見出痕跡。

惹瓊巴的形象有幾個轉變：由一個最初對大師深具信心、而且擅長歌唱與說故事的少年，印度求法歸來之後、充滿傲氣的青年，到真心悔悟不再生疑、誓願終生服侍密勒日巴大師的弟子，最後證悟成就、堪為人師。惹瓊巴形象的轉變，配合著他真實的修行證悟，描述極為生動精緻，為密勒日巴大師重要的八位心子之代表人物。他的故事也反映了最多修持佛法者會遇見的問題，比方：親人的阻撓、性情難馴、對上師起疑、生我慢心、固執一端等。此外，大部分的人物能當上第二主角的機會，幾乎都只有一次〔註361〕，然而作者卻也大力著墨，刻畫了數個特殊的代表人物。

〔註361〕長壽女神姊妹的故事出現在 28.29.30.31 此四篇中，篇幅很長，說理也極精采，但是其作者尚存疑，故此處暫不列入說明。

　　這些代表人物，在前面的章節多已提過。如傳承法脈的岡波巴大師，他求法既虔誠而修持也特別精進，連一向從不讓座蓆空冷的密勒日巴大師，也不禁連三次讚嘆他，說：「他真是一隻雄鷲啊！是時候了！是時候了！」。第四篇所描寫的崖魔女——罩森姆，則是妖魔眾的代表。她既聰明又雄辯，深知自己成為魔女的因素，又能快速理解大師的法教，迅速契入修行的真意、精勤修持，並護持佛法。而三十四篇裏的熱頓法師，則是反面教材的代表人物。因為他未堅守出家戒律，心懷忌妒與瞋恨又辱罵修行成就者，是那些對密勒日巴大師懷有邪見之僧侶的代表人物。

　　除了上述的惹瓊巴、岡波巴大師、罩森姆與熱頓法師，這四個代表人物之外，第十四篇的故事中，還有兩個代表人物，而且這是兩個互相對照的人物形象，即老婦人與巴達朋，分述如下：

　　1. 老婦人——密勒日巴大師向女子巴達朋表明化緣之來意後，依言到她家門前等候她，而屋中的老婦人，竟誤以為大師要竊取財物，憤怒的斥責大師。大師向她唱誦「九種進諫歌」，要老婦人由年輕到衰老，一生所經歷的操勞歲月；牽掛丈夫、子女，而沒有自我的心緒；與人爭奪財物時，所起的瞋恨心；為親人護短、又喜道人是非的習氣；年老體衰之醜貌；待遇不如狗的晚年生活；以及不懂佛法的悲哀；辱罵成就者的惡業，一一縷述條陳。

　　從這首情感真摯的詩歌，可以看出密勒日巴大師眼前的老婦人，正是當時一般俗世間、無明輪迴著的婦女形象之代表人物。她將青春與心念都奉獻於夫、子、生活勞動與財物的追求，卻忘了給予自己學習佛法、解脫輪迴之苦的機會，直到行將就木，才巧合地碰上順利的因緣，聽聞了佛法的道理，反映出當時大部分藏族婦女生命的悲哀。

　　2. 巴達朋——巴達朋是密勒日巴大師門下、「領袖女眾」的四大女弟子之一。初相見時，她對大師慷慨而大方，知道老婦人與大師的對談之後，真心讚歎這樣的緣起；並請求大師講述他的傳承、根本上師、受過什麼灌頂、「引導光明入道」之口訣、山中修行的意義、「呸」字訣、「呸」字訣的修行覺受、決定的信解等。密勒日巴大師還為她唱誦「四種捨棄歌」、「四喻五義修心訣」等。

　　巴達朋所提的問題，以切關於實修的方式為主，而且認真的依照指示而修行，深觀自心法性之實相，終於即身得大成就。書上說：最後她離開此世時，舉身騰空、手搖鈴鼓、樂聲遍空、即此肉身往生空行淨土〔註362〕。巴達

────────────

〔註362〕參見《密勒日巴大師全集》14 篇，頁 168。

朋的所言、所行與成就，代表著年輕而富有的女性，斷捨此生所有與所求，以生命投注在實修上的形象。這樣的女眾，既未太涉入世俗家庭生活（尚未婚），也年輕體健、聰穎而有毅力，才能有這種「即身成就」的人生，與那悲苦的老婦人正是反比的形象。

《密勒日巴大師全集》一書，以收集詩歌爲主要目的，並詳細記載各首詩歌的唱誦因緣，可以說是桑吉堅贊透過了人物對話這種表達文學的形式，塑造了一個個生動的人物，表達出人與非人眾生們的各種心性難題。而最重要的，就是密勒日巴大師針對眾生的貪、瞋、癡、慢、疑等五毒問題，所說的對治方法。這些問題，不僅足以造成書中人物的生命難關，也是尙在六道中輪迴的眾生，共通的困難。而書中這百多個人物的刻畫，正一一挑出眾生的問題，是故以此少數人物的求法，即可以窺見輪迴中人的苦辛，還有密勒日巴大師精采而實修的法教。

第六章　主題思想

　　《密勒日巴大師全集》一書，兼具敘事精采、流暢的特色，又富有說理的哲學特色。整部書的思想，無非是爲了解決弟子們在俗世生活與修行過程中所遭遇的各種問題。最重要的是，以各個善巧的比喻、在最妥當的時機，將眾生的關注焦點提昇到對於佛法修持的努力，將有緣人都引導向修行之路。以下概分五節，討論這部書的主題思想。

第一節　對上師與諸佛菩薩的讚揚與感恩

　　密勒日巴大師，在成爲噶舉派修行者之前，曾廣學紅教之法、並從師十名，直到覓見自己的根本上師——馬爾巴大師之後，他求法的生涯才不再飄蕩不定。而這所謂的「根本上師」，依堪布卡特仁波切的解釋，是「眞正令你開悟成佛的那位師父」〔註363〕。馬爾巴大師對密勒日巴大師的教導，正具有著快速成佛的速效與重要性，因此，密勒日巴大師忍耐著各種苦行的折磨，並晝夜不停苦修、直到成就。對於這位眞正令自己解脫輪迴過患、「即身成就」的根本上師，密勒日巴大師是感恩備至的。

　　馬爾巴大師在與密勒日巴大師相聚的六年八個月〔註364〕中，傾囊授與所

〔註363〕此言參見台北噶瑪噶舉法輪中心之《大手印——堪布卡特仁波切演講集》一
　　　　書，頁96。
〔註364〕六年八個月之說，見《密勒日巴大師全集》25篇，大師自言：「耳聞遠處有
　　　　譯師，駐錫羅去切普處，親承那諾之加持，梅紀大師之嫡傳。不辭艱辛遠跋
　　　　涉，來至恩師馬爾巴前。我於師前學正法，歷時六年零八月。」頁290。

有噶舉派的修行法要，並指導他閉關禪修之實際技巧，而密勒日巴大師也終
於依法修持、得證自心之法性而開悟，廣爲度化眾生，成爲噶舉派法脈之繼
承人。因此，對於這如父般慈愛的上師，密勒日巴大師思念特深，並且常常
禮讚他。幾乎每一首詩歌，都是以頌讚馬爾巴大師的句子作爲開端的。比方，
在第四十五篇裏，密勒日巴大師應弟子們的請求，傳授「大手印」和六種成
就法的要訣，先唱禮讚馬爾巴大師的詩句，曰：

> 父雖示現已涅槃，實住清淨報身土，
> 廣利三界眾有情，馬爾巴譯師前禮讚。
> 我兒樂護及寂光，以及雁總頓巴等，
> 老父心愛之徒兒，據此宿善眾弟子，
> 我今爲汝說心要，修行法訣之精髓，
> 具十妙義歌此曲。

整部詩集的四百零九首詩歌裏，至少有十五首詩歌，特別愼重地以六句以上
的結構，表達對馬爾巴大師的思念與恭敬，而大多數的情況，是在詩歌的開
端一語帶過。比方：第七篇所說的「敬禮善妙上師足」；第十三篇的「敬禮譯
師馬爾巴」；第二十六篇的「敬禮羅扎馬爾巴足」；第三十四篇的「眾生依怙
頂摩尼，恩師馬爾巴足前禮」；第四十四篇的「頂禮譯師馬爾巴足」；第五十
四篇之「上師加持最稀奇，祈請稀奇馬爾巴尊，憐我殷重至誠意，祈賜悲護
佑眾生」。此外，密勒日巴大師也常讚頌噶舉派法脈傳承中的諸位上師——金
剛持佛、帝洛巴、那諾巴、梅紀巴、馬爾巴等大師。比方，第三十四篇中，
密勒日巴大師對於前來質辯於他的三個和尚，講述教導他的上師。說：

> 我之上師諸尊者，即是清淨佛陀身。
> 五氣清淨獅座上，五脈清淨蓮花座，
> 五戒清淨日月墊，心性空寂上師身，
> 金剛持佛智慧身，具足六通帝洛巴，
> 大幻化網那諾巴，無比恩德馬爾巴師，
> 常住我頂不捨離！汝若具信誠尊敬，
> 眼前即見我師尊，與金剛持無差別！
> 若能至誠敬啟請，大悲慈雲風湧集，
> 立降加持甘露雨。若能勤修作供養，
> 一切成就寶藏開！

密勒日巴大師同時指點和尚：誠心祈請上師、與上師相應而得到加持的意義，在於領受了一位接一位所傳承下來的佛陀法教。而大部分的詩歌中，也是簡單以一句就帶過了對諸位上師的禮讚。如第二篇中的「敬禮一切諸上師，皈依大恩父師前」；十二篇中的「親蒙那諾梅紀之加持，至尊譯師馬爾巴前敬禮」；二十一篇裏的「敬禮大德諸上師，祈以慈悲賜加持」；四十一篇之「敬禮至尊諸上師，大恩師尊前祈請」；五十篇的「敬禮一切諸上師」與五十五篇之「上師本尊諸聖眾，祈爲迴向作順緣」等。

　　而這種環環相接、無有漏失的法脈傳承，密勒日巴大師曾巧妙地以祖、父、子的關係，來比喻這如黃金念珠一般的傳承，例如三十二篇中，來自於虎族的少年——道剛惹巴，在聽法的集會中興起極誠摯的信心，請求大師開示究竟之法要。密勒日巴大師說：

> 大金剛持我傳承，高祖帝洛善慧尊，
> 祖父那諾大學者，慈父馬爾巴大譯師，
> 密勒日巴是我名，甚深口訣常相續，
> 此爲六種眞實事。

除了對於噶舉派傳承祖師的讚揚之外，密勒日巴大師還稱頌曾經教導過他的紅教上師，比方第十七篇中，寂光惹巴因爲見到大師顯現神通、足不沾水就渡過河面，起了極強烈的好奇心，並仔細詢問大師的來歷與一切。密勒日巴大師在提及噶舉派諸上師之前，先敘述自己的簡單背景，與學紅教密法、誅法等經歷。他說：

> 我乃密勒日巴也！降生之地下貢通，
> 行腳衛藏學佛法。如父哦米以爲主，
> 乃至雍登那嘎處，曾拜上師共十名。
> 學法舊教之密續，解正法義習聞思。
> 特於拉結努瓊處，曾學誅法紅黑曜〔註365〕，
> 渠雖精通諸法術，未能除我心中惑。
> 我父譯師馬爾巴……。

由此可見，密勒日巴大師對於一切曾經傳與他法教的上師，是具有恭敬心的；對於噶舉派諸傳承上師，更加恭敬；而特別敬禮的，是給予他種種苦行待遇，

〔註365〕誅法紅黑曜——此爲紅教中極爲猛厲的誅法。(此說參見《密勒日巴大師全集》17 篇註 3，頁 208)

消除他輪迴於六道之惡業，並親自教導他「即身成佛」方法的馬爾巴大師。
這種對一切上師的恭敬心，正是求法修行者能得成就的主因。蓋心存邪念的
弟子，所求皆不成，也因為心思不正，所以修行會有誤失。而「感恩」，這也
是一般人最基本的人格修養。

第二節　抒發修行之悟境與覺受

　　密勒日巴大師時常在字裏行間，表達自己修行的證解與修行中所感受到
的覺受。所謂「證解」，為真正的證悟；而「覺受」是指修行者於修持止觀心
法時，所得之親身體驗的境界，泛指一切禪定或慧觀之境界〔註366〕。這樣的
做法，卻不是為了要向弟子們驕示自己修行的偉大，而是將自己所獲得的一
切平靜、喜悅、清明等樂受，隨著眾生的好奇心而展現，並以此美好的影響，
勸導眾生也展開學習正法、積極修行的人生。因為密勒日巴大師既去除了身
為人道眾生的五毒纏縛，心境不受世俗間物質與一般價值觀的拘限，連色身
也可以自由變幻、顯現各種神變〔註367〕。

　　由內心修持圓滿，到肢體動作可以隨意自在變化，這樣真實的成就，在
一般人眼中，無疑是極為確切的向眾生保證：即此生是可以正確而快速地成
就的。此外，密勒日巴大師的說法，以優美動人的歌聲，淺白易懂的詞語為
工具，以簡潔而富韻律感的詩歌格律為形式，更容易使信眾們樂於接受引領。

　　第四十四篇的故事中，密勒日巴大師面對心懷邪見之僧人的質問時，說
他自己並沒有花太多時間與精力去學習經典，而且就算曾經努力學過，也忘
得一乾二淨了。忘記經典的內容，並不妨礙他的證悟，密勒日巴大師說：

> 證得平等性之時，則能忘卻諸親眷，忘盡貪欲亦善哉！
> 現證離意智慧時，能所諸物皆忘卻，苦樂俱忘亦善哉！
> 現證無思無受時，一切覺受皆忘卻，增減俱忘亦善哉！
> 現證三身自體時，起分佛慢皆忘卻，忘觀想法亦善哉！
> 現證自體即果時，有為之果皆忘卻，忘世俗法亦善哉！

〔註366〕此說參見《密勒日巴大師全集》1篇註12，頁25。
〔註367〕《密勒日巴大師全集》61篇中，大師說：「我於空性究竟故，外界與我成一
　　　　體，融合一味無分別。風、心，顯境自在故，任何變現皆隨心。我身顯現諸
　　　　神變，令汝生信得加持。一如過去成就者，臨終顯示大神通，普令眾生得福
　　　　佑。」頁734。

修觀耳傳口訣時，文字學問皆忘卻，忘我慢法亦善哉！

現證所顯皆經時，黑字佛經皆忘卻，捨重負法亦善哉！

可知密勒日巴大師因為證得平等性、離意智慧、無思無受、三身自性、自體即果、耳傳口訣、所顯皆經等，所以忘卻了對親眷的貪欲，忘卻了苦樂之感，忘卻增減之感觸，忘記觀想之法，世俗之法、文字、學問與佛經內容。因為他整個人已經得到所有修持的真味，故而一切藉以達到這種境界的資具，就沒有時時刻刻提著、記著的必要。如同渡河之人，不需要將舟船扛在肩上行走一樣。所以密勒日巴大師以一個證悟成就、已渡彼岸的前輩身份，激起眾生效法的心志，並證明了修行可達至的一切悟境。

密勒日巴大師不僅內心徹悟了知佛法真理，更擺脫了一切世間法的牽絆，對於故鄉、親友、遊樂、尊卑、禮儀、羞恥甚至衣著，都已一概忘卻，徹底在行為舉止上，擺脫了各種與人們為伍所產生的執著。比方第五十一篇中，他告訴那些以赤身裸體模樣為恥的施主們說：

常遊四方眾土故，早已忘卻自家園。

常伴師尊共住故，早已忘卻眾親友。

常念佛法正義故，一切世法早忘卻。

獨自常住深山故，諸散逸事早忘卻。

常觀猿猴嬉戲故，牛羊之狀早忘卻。

生火常用打火石，烹炊家事早忘卻。

無主無僕獨住故，尊卑禮貌早忘卻。

寬閒舒適獨自住，世俗羞恥早忘卻。

隨心所欲而作為，藏私遮羞早忘卻。

身內拙火熊熊燃，一切衣著早忘卻。

常觀妙智無分別，一切妄念早忘卻。

時觀雙運光明法，一切戲論早忘卻。

以上十二忘卻法，乃我密勒之行素。

前述之世間法，正是一般人在生命歷程中會擁有，並且黏著而不想失去的。而密勒日巴大師以瑜珈行者的方式修行之後，即將這一切都捨棄了。這些牽絆去除之後，大師真正體會到瑜珈修行生活方式的自在，與所產生的喜樂覺受。他所領略到的是：隨意遨遊的逍遙生活，不拘世俗禮儀與評價的自在心境，不執世間財物的輕鬆生活，與健康無疾的身體、可以隨處安樂。比方在

第二十篇中所言：

> 少食能飽無飢餓，大瑜珈士所仰止，
>
> 具信徒眾時圍繞，生死怖畏作依怙。
>
> 我於鄉國無貪戀，隨意遨遊無定處，
>
> 隨意所行無顧慮，無視世俗之禮儀。
>
> 於世財物無貪執，食物淨穢如一味，
>
> 煩惱刺痛極微小，聲名美譽不關心。
>
> 早離能所心執境，已解涅槃之死結。

密勒日巴大師多次提到瑜珈修行生活的自由與快樂，他以種種親身驗證的快樂，引起眾生對於修行的信心，並喚醒眾生沉湎於世俗享樂的迷思。這些快樂的感受，又包括第二十一篇所言的：「捨離家園一身輕」；「獨自行住意悠然」；「遠離能所〔註368〕心解脫」；「得決定見心解脫」；「無有障礙任飛翔」的肢體行動；「明空覺受我密友」；「無有動搖極堅固」的心念；瑜珈修行所產生的「覺受不斷樂怡怡」；「心無一事離造作」；心如大海，而諸境產生時均「有去無回」，意念中絲毫不留下痕跡之樂；如熙日照耀天空的「光明瑜珈樂」；切斷輪迴所有業因、「解脫輪迴」的快樂。

這所有的快樂與成就，使密勒日巴大師，不再如同一般人一樣害怕死亡，而死亡契機來到時，對於此生毫無懊悔、而且十分快樂。比方在四十三篇中，密勒日巴大師告訴來朝謁他的遮族僧人——者頓吉祥燃：（1）他證得自身為佛陀壇城，而且晝夜不停供養、得到加持，不需外在供養而心快樂；（2）他見到三界為越量宮〔註369〕，而六道眾生皆具如來藏，故人人皆為本尊佛，而自己所為均在重重法界中，不依靠外來供養而心快樂；（3）他已證成法身，故不需倚仗經書而心快樂；（4）輪迴的有情眾生們，具佛性而不能開悟，依著口傳法訣即得解脫，因此他死時也安樂。

所以，密勒日巴大師不僅展現自己的修行境界，使眾生有參考的標準；也闡述自己的所有樂受，堅定所有修行者的信心；更真誠地關切眾生，是否有得到解脫輪迴法教的因緣。由內心證悟的展現，到外在舉止的為人楷模，

〔註368〕能所——即能執者與所執者，能執者為人的心識；所執者為一切外境。（此說參見《密勒日巴大師全集》3篇註8，頁58～59）

〔註369〕越量宮——比喻空間之大，超越限量或不可測量。（《密勒日巴大師全集》4篇註2，頁73）

密勒日巴大師隨時而應機的呈現瑜珈修行者的生活方式，既自在又安樂；瑜珈修行者之心樂，既寬廣而任運自然；瑜珈修行的成效，既快速而正確。而且密勒日巴大師這種實修實證成就的教化，使他攝受了無數的弟子，不僅成就自己，也度化他人。

第三節　捨棄對世間之一切貪執

瑜珈修行生活的首要內容，是捨棄對俗世生活的一切追求。全心全意進行禪修的功夫，直到成就、證悟，這也正是密勒日巴大師對眾生的法教中，最基本的要義。所謂俗世生活的追求，包括物質與利、衰、毀、譽、稱、譏、苦、樂等追求。這種「放下」的功夫，是為了去除行者們的貪欲和執著，不再留戀俗世生活的一切，而切實展開出世間修行生活的動力。同時捨棄了對世間名聞利養的貪執，才可以確保修行者的發心，不為物欲所擾、可以直向追求解脫輪迴之道，也才能避免修行有誤、淪為魔徒〔註370〕。

密勒日巴大師明白告知修行者們，應捨棄親情、友情、僕從、財寶、田宅、身體、衣食等世間法的追求與計較，因為這些都是無常的。比方第十五篇中，他唱「八事備忘曲」勸告富有的商人，說：城堡家宅終成廢墟；僕從如雲、臨死時終須獨行；親眷子姪死後必分離；縱然子、僕、財寶皆有，死時也孑然空手；生前即使體力雄健，死後終成灰燼；現在諸根明利，死時心識昏迷，卻不能自主；佳餚美饌，死後再不能親嘗。密勒日巴大師要弟子們恆常憶念這種無常之幻，專心修行、不要再蹉跎生命。

更進一步的，密勒日巴大師點醒弟子們，要真正修行，不應顧忌到父母、親友等旁人的意向與情面。因為，只要一想到生死輪迴之苦痛與過幻，自己就應該立刻決定自己的前途，絕不需要請求他人的准許，生命的動向是自己可以決定的，也是自己應該決定的。因此，第二十一篇故事中，他告誡哦崗惹巴：

> 若不立斷鼓勇猛，「將來修行」有何用？
>
> 若不立即求解脫，空想緣至有何用？
>
> 若不即時調自心，「以後再修」有何用？
>
> 若不當下立了斷，「以後再作」有何用？

〔註370〕《密勒日巴大師全集》第4篇的崖魔女，自言她曾是紅教的虔誠弟子，而變成魔女的因素是貪欲太重，所以走入魔道。頁66。

　　若不即時斷疑惑，「以後再說」有何用？

密勒日巴大師以質疑的方式勸誡哦崗惹巴，一句又一句眞切的提醒，撼動了哦崗惹巴的內心，所以他立即放下一切，專志學佛，後來，連父母都讚許他。

　　第十二篇故事中，密勒日巴大師曾經告訴一對夫妻，他自己捨棄了田園、妻妾、兒子、女兒、親戚與財寶的原因，不只是因爲這一切示現著無常的道理，也爲了這些追求，會帶來許多痛苦與不快樂。比方：田園會帶來身心兩方面的煎熬，因爲不僅耕犁挖掘的工作很辛苦，也常收成不好，遭受飢荒之苦；新婚妻妾美又嬌，日久卻變得面目可憎、時常爭吵打罵、狀似羅刹；小兒初生如同天使般可愛，長大卻予取予求、貪心不足，而且不孝敬父母；初生的女兒如仙女般可愛，長大則一心向外，令父母傷心，不單製造許多煩惱因，更敗壞諸多好事；與親屬來往應酬，多成酒肉之伴，造成互相瞋恨的原因；財寶則是使人心吝嗇的主因，修行上佈施的障礙。

　　因此，世間各種財、色、名、利，都是密勒日巴大師爲了生命的自由與心境的快樂而放棄的。對於修行者來說，這俗世間的一切，更是枷鎖與障礙。比方第四十篇中，密勒日巴大師對連貢惹巴所說的：

> 子女妻妾及情面，此三修士枷鎖也，眞修行者應捨之！
> 財物、受用及矜慢，此三修士障礙也，眞修行者應棄之！
> 親朋施主及徒眾，常累修士作耽擱，眞行修者應捨之！
> 醇酒、勞累及昏睡，此三修士盜匪也，眞修行者應遠之！
> 遊耍、閒談及嬉戲，皆是修士散亂因，眞修行者應離之！
> 上師、口訣與精進，修士依靠根本也，眞修行者應依之！
> 靜地、勝伴及道糧，此三修士屋舍也，眞修行者應依之！
> 無念、無散及大樂，修士眞正伴侶也，眞修行者應依之！
> 鬆坦、任運與自然，此三修士威儀也，眞修行者應依之！
> 無貪、無瞋及神通，修士證道憑證也，眞修行者應依之！

所以一般人的生命歷程中，努力維持的和樂家庭，積極努力追求的愛情，拼命取得的財物，用盡心機所博取的美名，努力修飾的外表，與刻意追求的高級享受。對密勒日巴大師而言，都是身形的牽絆與心靈的負累，是應該捨棄的世間法。因爲，這些物欲的追求，不禁使人黏著於「所求不得」的苦，也令人的心被連帶而生的「五毒」所染污，捲在這種患得患失的追求中，人的心緒不免淆亂，而心緒狀態會呈現在人的言行舉止上，因此人們就會因爲內心染污而行爲

有所偏失。所以密勒日巴大師一再的提醒修行者們放棄對世間一切的追求。

第四節　傳授修行之法要

　　實修實證的密勒日巴大師，他所唱的四百零九首詩歌中，絕大部分都與實際修行有關。若非教導禪定、修持等方法，則是為了解決各種心性修養的問題，總是由基本的見解、看法入手，破斥眾生在俗世生活中所遭遇的種種迷障，與心性的各種染著，再教導他們「見、行、修」等要訣，「本尊觀」的修法，「氣、脈、明點」的修法，「大手印」的修法，夜晚睡眠的修法，這些是以身體實際修習的方法。而這種心性與身體同時並重的修行方式，正是噶舉派的「大手印」法傳授的模式。

　　密勒日巴大師傳佈佛法真理時，有一個基本的心念，就是任何根器、身份、階層的人，都需要佛法。而這樣的信念，源自於相信一切眾生皆可度化的思想。他認為：特別聰明的知識分子、中等才智的知識分子、與下等才智的知識分子，都需要修學佛法，所學的一切知識才能發揮大作用，得以融會貫通；富家淑女、中產階級家庭的女子、與貧窮家庭的女子，都需修學佛法，才能啟發內心的智慧，與培養德行；年老體衰之人，需學佛法，才不會生命空洞而終；擁有蠻強體力的勇士，若不學佛法，就如巨象一般只會逞強；少女若不學佛，將無明的生活著，徒有美麗的外表；青年如不學佛法，就像拿法器來種花一樣可惜，徒然浪擲生命而已；連幼童也該學佛法，靈魂才會清明安定〔註371〕。

　　而大師在實際教導修行方法之前，往往會先將眾生由無明輪迴之苦中點醒。比方：第十四篇裏，他啟發老婦人內心深處，對自己一生的言行舉止、發心動念，真實的懺悔與反省；第二十六篇中，他對那遭受無明、恐懼之苦的黑鹿，教導「汝應息恐懼，莫執此肉身，身心齊放下，斷捨無明惑，淨除顛倒障」的心法，並允諾教導牠六種成就法、「大手印」法與觀心法要；第四十二篇中，他向羅頓法師開示：只懂得佛法、而不修持的後果，不但自己無法得到解脫，尚且會為貪心、妄念未盡，而行持不正，造成對自己與眾生更大的危害；第四十八篇裏，密勒日巴大師對極度虔誠的施主——新多姆，鄭重解說生、老、病、死之苦，詳細剖析人道中生死輪迴所遭遇的身苦與心

〔註371〕此段原文參見《密勒日巴大師全集》59篇，頁715～715。

苦，使新多姆因而引發強烈的修行志願，並依大師所授之法要修持，於臨命終時得入道之初果成就。

也因為人道輪迴很苦，而且世事十分無常，壽命之長短難期，所以密勒日巴大師再三強調：得聞正法，要及時修行。比方第十八篇裏，密勒日巴大師勸告富有的施主——菩提熾：他以豐富的飲食供養修行者，能免去窮困的果報；慷慨佈施許多財物，是多數富有人家沒有的氣度。可是，他富有而驕慢心重，貪圖散逸的富貴生活，能懂佛法，卻總想著以後再修行。不知不覺間就蹉跎了自己的歲月，浪擲心力在俗務上，導致尚未真正修持佛法，而無常的死期已到來。所以密勒日巴大師對他說：「是故修法應即時」。

密勒日巴大師將眾生由輪迴的床上喚醒時，更重要而積極的，是告知實修的方法。這些方法為「見、行、修」之法要，「本尊觀」的修法，「氣、脈、明點」的修法，「大手印」的修法，與夜晚睡眠時的修持法要。分述這五種方法如下：

（一）「見、行、修」之法要

「見」，為見地或了解之義，指大手印見或空性見，包括對空性及自心體性之認識；「行」，指行為及修道上之種種活動，指大手印之行，即由於心契大手印而產生之行為；「修」，即為定慧之實際修持，尤指大手印之修法〔註372〕。此三者為「大手印」法修持的詳細項目。

密勒日巴大師曾經簡明扼要地解說了這見、行、修的法要，比方第六篇中，他對著銅地方來的一位密乘行者解說：

> 顯現、空寂及無別，此三見地之精要；
> 明朗、無散與無念，此三修行之精要；
> 無貪、無執、無罣礙，此三密行之精要；
> 無欲、無懼、無迷惑，此三成就之精要；
> 無諂、無隱、無矯作，此三密戒之精要！

密勒日巴大師以見、行、修三方面，簡單調整心念之標準，告誡修習密宗的行者，既令人易懂也易於實行修持。

（二）「本尊觀」的修法

「本尊」是密宗行人終生修持與自己因緣相應之某菩薩或佛（例如觀音

〔註372〕此說參見《密勒日巴大師全集》6 篇註 1，頁 89。

或不動佛），依靠於彼，求佑於彼，念念不忘，一心行持。而「本尊觀」是密法中修觀之一種，觀想自己變成本尊、無二差別。這是基於眾生與佛陀本來無二之見地，而付諸於實際之修觀方便〔註373〕。密勒日巴大師曾敘述自己修本尊觀時，所體驗的喜樂覺受，曰：

> 我觀生起本尊時，此身顯空似虹彩，
>
> 此身已無形質故，一切貪愛自寂滅。
>
> 我修本尊瑜珈時，親證語言如谷響，
>
> 已超善惡境界故，一切取捨盡寂滅。
>
> 凡夫實質身、口、意，轉成本來金剛體，
>
> 三門〔註374〕已超凡界故，此心飄飄甚樂然。
>
> 所行與法相應故，此心欣欣甚樂然！
>
> 行法與道相應故，此心怡怡甚樂然！

可知密勒日巴大師修本尊觀時，證得：肉身已無形質，現證了虹光身成就〔註375〕；語言如谷中聲響，超越善惡之境界；意念更是遠離了種種愛執與分別。即身、口、意已與法道相應，這是真正即生成就者的特徵。

（三）「氣、脈、明點」的修法

「氣、脈、明點」的修持，如同今日之氣功，而「氣」指身體之五種氣：上行氣、下行氣、遍行氣、等住氣、持命氣五者。上行氣位居身體的上半部，有使我們出淚、臉漲紅的功能；下行氣位於身體下半部；遍行氣遍佈全身，是有關知覺的氣，使我們能感受週遭的一切；等住氣是有關消化作用的氣；持命氣是十分基本而重要的氣，為生命之氣〔註376〕。堪布卡持仁波切曾說：「當五氣合而為一時，行者便能覺悟究竟之真理，若諸氣流失的話，便無法有任何的體驗了」〔註377〕。「脈」指氣及明點所經行之道，類似脈絡或神經，但亦不全是；「明點」則是泛指身體中各種精華之分泌物。這是密續中特殊的修持

〔註373〕此說參見《密勒日巴大師全集》1 篇註4，頁25。

〔註374〕三門──即身、口、意三者。（參見《密勒日巴大師全集》34 篇註10，頁434）

〔註375〕密勒日巴大師自言：「我已經轉五蘊成虹光身，證煩惱即佛智，通達本來不生而確證無死」（見《密勒日巴大師全集》60 篇，頁722）

〔註376〕參見台北噶瑪噶舉法輪中心之《大手印──堪布卡特仁波切演講集》一書，頁68。

〔註377〕參見台北噶瑪噶舉法輪中心之《大手印──堪布卡特仁波切演講集》一書，頁68。

方法，也是眞正的噶舉派修行者必修之學分。

密勒日巴大師說明自己修「氣、脈、明點」的方法與覺受：

> 我修氣脈明點時，觀習四輪三主脈，
>
> 身內貪愛已盡故，身似無質自消融。
>
> 諸界種子〔註378〕明朗觀，見本來面無錯謬。
>
> 氣集中脈擊要點，紅色二界相遇合〔註379〕，
>
> 樂明無念自成就，心中疑結自解脫。
>
> 法與心合離言說，子母光明融一味，
>
> 有漏貪熾蘊界滅，顯空不二〔註380〕心樂然，
>
> 證空不墮知解境，現見空性心樂然，
>
> 一切無明與迷亂，消入法性大樂哉！

大師跟眾生分享自己因爲五行氣合一、紅白明點於心間結合、三主脈暢通，而身體去除形質，心念與法結合的喜樂，這是修持所證悟的喜樂，也是行者們想要「即身成就」的修身方法，而這樣的成就，最需要的是堅持耐苦的毅力與晝夜不捨的恆心。

（四）「大手印」法之修持

所謂「大手印」，由字面上來看，「大」指涵括一切眾生，無論貧賤富貴或男女老少，每一個眾生都具備覺悟自心本性的潛能，這是廣泛而普遍的；「手印」象徵著法門，意指如果一個人修持「大手印」的話，那麼他就不用再去修別的法門了，因爲此一法門爲「圓滿的法門」，已結合一切法門的精要。而「大手印」可分爲「根」、「道」、「果」三個部份，「根大手印」談的是佛性，佛性是指蘊藏於每個眾生內的覺悟本性，此覺悟本性是無染無瑕、本始清淨的；「道大手印」謂：覺性存在於每個人之中，不需要到別人身上尋找，因此實際修行是絕對必要的，而實修是噶舉派最重視的教學內容。

密勒日巴大師曾經提到他所知道的「大手印」及修法，說：

〔註378〕種子——依密宗之見，五大界皆各有具體之種子字形，如火界種字爲 Ram 等。（參見《密勒日巴大師全集》34 篇註 11，頁 434。）

〔註379〕頂輪白明點下降，臍輪紅明點上升，至心間而紅白會合，則能產生種種殊勝境界（此說參見《密勒日巴大師全集》34 篇註 13，頁 434。）

〔註380〕顯空不二——已證空性之人，見一切外境所顯，如極其活躍生命之種種奇觀，心甚雀躍歡喜，見一切皆有美感，此美感之敏悅性較前增強千百倍。（參見《密勒日巴大師全集》34 篇註 14，頁 434。）

> 我修大手印觀時，心住本然離造作，無散亂中鬆鬆住，
> 空性境中明朗住，喜樂境中明體住，無妄念中惺惺住，
> 眾緣境中平等住，此心如是安住已，無滅決信種種生，
> 自明任運事業成，任何果報無需求，心離願求甚樂哉！
> 希、懼二執盡除故，如是覺受甚樂哉！一切迷惑與妄念，
> 盡成智慧甚樂哉！

這裡所談的，是修持無散亂、無妄念、平等心、決定信心的心法，與證悟空性的所有喜樂，這也正是噶舉教派最重要的禪修法門。

（五）夜晚睡眠時的修法

密勒日巴大師在亭日那馬，向醫生陽額傳授修行方法之後，又指導當地的求法民眾，睡眠時的修持法。曰：

> 當汝躺臥榻床時，莫隨昏沉而睡去。
> 初夜修持本尊觀，夜深祈禱上師喜，中夜觀心無分別，
> 天將明時修命氣，天明懺悔五毒素，日出口念百字明〔註381〕，
> 一切時分修持中，最主要者為觀心！

這種修持方法，意在使修行者隨時處在明覺的狀態下，不因睡眠而時常陷入昏沉，也透過各種修觀之步驟，令行者的心一刻不離修持，這是睡夢瑜珈的修持方式。而密勒日巴大師所教授的，正是繼承自那諾巴大師與馬爾巴大師，屬於「那諾六法」之一的「夢修瑜珈法」。

前述「見、行、修」法要、「本尊觀」修法、「氣、脈、明點」修法、「大手印」修法，都是極為細膩的修行法要，不單只針對心性來修學，主要的是針對身體來修持。如此一來，真正努力修持的行者，他的心境不但會無執、無拘束、喜樂、定靜，連他的色身也將得到自在與健康。

密勒日巴大師雖然藉由語言和詩歌，傳達了所有順應眾生需求的法教，但又一再告誡眾人：不要執著於文字、經典。他認為執著文字、經典，容易造成修行者的偏執與我慢。偏執於經典，不注重實際修持；或因自己的博學多聞而驕慢。比方三十四篇中，他回應羅頓法師的問題，說：

> 密宗之見甚險峻，執著自宗汝法師，終日辯論文字故，
> 行密乘道必招損。此需專修無散亂，多言談論招毀損。

〔註381〕百字明——此為金剛薩埵佛之本咒，藏密以之為主要的消除宿業的明咒。（參見《密勒日巴大師全集》56篇註3，頁697。）

> 密宗修持需秘密，若於城鎮持律儀，現比丘相招毀損。
>
> 菩提乃由實修得，多學經論招毀損。口訣只傳具器者，
>
> 輕授無緣招毀損。深山隱居習禪觀，有頭無尾招毀損。
>
> 甚深瑜珈覺受相，說與大眾招毀損。

此言正見出密勒日巴大師著重實修的基本態度，並且婉轉的拒絕羅頓法師，請問修行法訣的要求。因為此時的羅頓法師，仍不具備修學密宗的條件。

本節大致歸納密勒日巴大師所說的法要，而這一切教法都有兩面要求，即修「心」與修「身」兩者。對於密勒日巴大師而言，身與心是合一的，他的心契悟空性，身體也因為日夜修定的功夫，而得任運變化的自在成就〔註382〕。他將自己的成就展現在眾生面前，並無私而平等的告訴所有求法的人物，沒有任何身份與恩仇的分別。這些實際修持的方法，正是《密勒日巴大師全集》一書中最重要的內容。

第五節　強調住山修行之重要及益處

密勒日巴大師的後半生，都過著住山修行的生活，主要是因為聽從馬爾巴上師的指示。而馬爾巴大師如此授記的原因，是他為密勒日巴大師觀察：修行法門與成就等因緣時，知道密勒日巴大師應修「拙火成就法」。這種以習「定」為基本方式的法門，所需的是遠離人群、靜僻而天然的修行場所。因此馬爾巴大師要他到無人靜僻的山洞裏修行。雖然住山修行的靜居生活，恐怕會有斷糧的虞慮，但是密勒日巴大師卻在寧靜而積極的修行生活中，體會到住山修行對瑜珈行者的重要性，與住山修行生活的益處及各種快樂，還有藉著山野景色而修觀的心法等。

對密勒日巴大師而言，瑜珈修行生活中最重要的，是住山修行。這是上師告知他的道理，也是他自己修持多年之後的體會，比方第七篇中，密勒日巴大師告訴求法的五位尼師：

> 已得自在瑜珈士，自然於世少貪著，
>
> 此豈沽名釣譽故，厭無常法本如是。
>
> 修甚深道瑜珈士，常住山嶽崖洞處，

〔註382〕《密勒日巴大師全集》第 3 篇雪山之歌，曾敘述密勒日巴大師變成一頭雪豹，看見雅龍的施主們來尋找他。頁 44。

此非造作行僞善，自樂專修本如是。

此刻，密勒日巴大師在山居修行生活中所得到的心境，已是自然、放鬆，而對於繁華的一般世俗生活毫不貪著，只在意於專注修行上。而且，大師常愼重地告誡弟子，以瑜珈行者的方式修持，必須依山靜處的原因。比方第四十六篇中，他向岡波巴大師、惹瓊巴和各大弟子開示「六種要法」。其中的第六要義是：

> 不依寂靜崖洞處，無力轉變邪見者，而於凡人城鎭裏，舉行密乘深
>
> 會供，或作禁戒平等行，如是行爲決不可，勢招衆人譏毀故！

密勒日巴大師以瑜珈修行者之所必需，來談住山修行的重要性，而住山修行最切身關連的，依然是修持的法要。如第十四篇故事中，大師曾簡單的對女弟子──巴達朋說明山中修行的意義：

> 深山險地無人處，獨居茅蓬是外修；
>
> 不顧此身如棄物，了無牽掛是內修；
>
> 惟一實相之底蘊，深觀決斷最勝修，
>
> 三種修持我全具，何處有緣之弟子，前來請問此法要？

這「外修」、「內修」與「最勝修」，就是一位住山修行之瑜珈行者，將對一切外境的注意力拉回來，安靜地習「定」，並且深入的觀察自己，將所有身、口、意的作爲，透過心識的明澈而淨化。

第二十六篇故事裏，密勒日巴大師從維持身體健康的觀點，告訴獵士金剛護，自己居無定所，常在山林洞穴中居住的理由：

> 稀有我惹巴，常住山崖處，
>
> 夏季三月時，雪山修禪觀；依此除體障，清淨身內氣。
>
> 秋季三月時，城鄉往乞食，討募諸穀物，滋身作道糧。
>
> 冬季三月時，深林修禪觀，能除粗毒氣，增盛之障礙。
>
> 春季三月時，居山或草原，能治肺脾病，除遣諸風疾。
>
> 無分冬與夏，專志修禪觀。
>
> 此身四大成，壞苦爲自性，故應恆佑護，
>
> 一意保健康，如是方能克，五毒之煩惱。
>
> 隨意能服用，任何之食物，此乃離貪欲，快樂之象徵。
>
> 能於一切時，孜孜修正法，是爲瑜珈士，勇猛大精進。

密勒日巴大師認爲，四時季節的山居生活，對於身內之氣與五臟六腑都有助

益，而健康的身體，使修行者可以專志修觀而不爲色身所擾。這是山居生活的益處，也是瑜珈修行所要求的生活品質。由修身進而幫助養心，這不僅能令行者身體自在，心識也不易再受打擾。身、心兩修，也是噶舉派之「大手印」法的基本要旨。

　　密勒日巴大師進而強調，住山修行之時，眼前美景如何幫助行者之修觀。比方第三十七篇故事裏，大師告訴薩來娥，住山時可以大自然景物的特性，幫助修觀：

> 上以高山作譬喻，應不動搖習坐禪，
> 如佛功德出生時，苦樂負擔自消除。
> 下以流水作譬喻，汩汩不斷修持去！
> 上師加持入身時，信心自然常相續。
> 以彼虛空作譬喻，應離中邊而修觀，
> 洞見實相正義時，方便智慧即雙融。
> 以彼日月作譬喻，應離明暗而修觀，
> 證悟有情皆母時，大悲自然遍一切。
> 以彼大海作譬喻，應離變動而修觀。
> 堪爲口訣法器時，必於本體〔註383〕得堅信。
> 於內觀察自心時，應離言詮而修觀，
> 顯境皆成佛理時，一切學處皆自心。
> 一切時地威儀中，不斷布施資糧足，
> 清淨戒律作莊嚴，常披忍辱之鎧甲，
> 跨騎神通之精進，奔赴禪定之聖城，
> 以智慧寶成鉅富，不忘酬報上師恩，
> 以己修證作供養！

大師用來譬喻修持心要的，都是他隨處可見的自然景象。他簡單地以高山、流山、虛空、日月、大海等外境，比喻深刻而實修的佛法，令弟子們容易理解與修持。這也表示了他在住山修行的生活中，眞實領略的樂趣，而且因爲已經證悟成就，故所見一切外境都蘊含佛理在其中。這樣的快樂，是瑜珈行者的自然怡樂，包含著自由、自在、健康的感受在內，徹底去除了一般人對

〔註383〕本體——原文爲 Kun-gshi，一般意指：一切種識，亦作諸法本體之「一切根本」而言。（參見《密勒日巴大師全集》37 篇註 2，頁 462。）

住所、財物、友伴的追求慾望。

　　密勒日巴大師將自己所享受到的住山修行之樂，告訴弟子們，使他們興起超越世俗生活的信心；將住山修行的重要性與意義，告知足堪獨居靜修的重要弟子，使他們確定堅持過瑜珈修行生活的決心。而每一個如密勒日巴大師的教導，真正捨棄一切、住山修行的弟子，如：巴達朋、黎果比丘、薩來娥、熾貢惹巴、獵士金剛護等，都得到了個人最佳的成就。而這種住山修行的方式，也是當時頗為普遍的修行方式，只是像密勒日巴大師這樣，留下清楚解說的著作並不多。

第七章　價值與影響

第一節　思想上的貢獻〔註384〕

《密勒日巴大師全集》一書，記載了密勒日巴大師度化弟子的後半生事蹟，他的言行舉止無一不合乎佛法的精神，代表著瑜珈修行成就者的面貌。這部書也收錄了四百零九首詩歌，這些詩歌每一首都帶著濃厚的佛法思想。而為了點醒眾生，密勒日巴大師一再談人生是苦的真諦，如第十四篇中，對老婦人所唱的「九種進諫歌」；在第四十八篇裏，對虔誠的在家施主——新多姆，剖析生、老、病、死之苦。為了引導因緣成熟的弟子，而利用各種巧緣、暢談佛理，如第十七篇中，密勒日巴大師藉由寂光惹巴的許多供養，教導他許多佛法真理的觀點，並分享自己的修行成就與體驗。

此書中，密勒日巴大師最常向有緣眾生開示的簡單事理，是在定靜的禪坐修習中，所領悟到的真理，也就是佛法中基本的「四聖諦」——苦、集、滅、道，與六道輪迴之苦等。試分述如下：

（一）四聖諦——

「四聖諦」是小乘法教中主要的論點，也是佛陀初轉法輪時的開示重點，與基本的觀修方法。「苦聖諦」指的是全然理解痛苦，包括對一切痛苦的覺知，

〔註384〕此處所謂貢獻，在於密勒日巴大師首次於民歌演唱的方式中，加入了佛法的真理、豐富了民歌的內容；桑吉堅贊也首次將大師的傳記與詩歌集結合，成為當時最特出而又兼具宗教用意的文學作品，主要仍是就文學研究的角度來考量。

因為它涵蓋了痛苦的自性和本質，包括對潛在的痛苦及顯著的痛苦的認識。顯著的痛苦，指的是立即的痛楚或目前的困境；潛在的痛苦，則一開始是快樂的，但快樂無法永遠持續，必定會轉變為痛苦。而最重要的是，沒有任何世俗的快樂會持續很久，因為世俗的一切事物，都是痛苦的一種形式〔註385〕，都包括著無常變遷的因素在內。比方：密勒日巴大師至布省幾通地方遊化之時，遇見一名少女，告訴她俗世間充滿著潛在的痛苦：

> 世事初時甚悅樂，既而受挫得教訓，
> 終陷鬼魔之牢獄，是故棄捨此濁世。
> 我於伴侶作觀察，初時喜悅如天女，
> 繼似猙獰忿怒母，終成可怖之魔鬼，
> 故捨世間之妻侶。我於子姪作觀察，
> 初時可愛似天子，繼成四鄰爭吵因，
> 終為怨仇討債人，故捨世間之子孫。
> 我於錢財作觀察，初時錢財似珍寶，
> 繼被彼縛為奴隸，終如採花之蜜蜂，
> 盡失所有白辛勤，故捨錢財如敝屣，
> 心向佛法廣布施。如是觀察如是行，
> 死時心安無悔恨〔註386〕。

這些潛在的痛苦，都是由曾經令人愉悅而短暫的快樂所帶來的。然而大多數人在快樂的境地中，卻不知道那即將伴隨而來的是痛苦。因此，沉溺、執著於幻夢般的快樂，卻逃不開各種身、心所遭受的折磨。

「集聖諦」是一切事物的起因或緣起，指出「業力」〔註387〕及「煩惱障」〔註388〕是痛苦的根本原因，而「業力」是痛苦的製造者，「業力」是被煩惱障的污染所驅動的，而一切痛苦的經驗都是自身所作所為的產物，也就是業力的果報。簡單地說，人一生遭遇的痛苦，都是自己的「業力」與「煩惱障」所造成，即是身、口、意染污所造成的結果〔註389〕。比方密勒日巴大師在拉息雪山之善河邊，對那些尼泊爾八若地區來的妖魔軍說：

〔註385〕此段之說，參見創古仁波切《三乘佛法心要》一書，頁17～21。
〔註386〕本詩見於《密勒日巴大師全集》21篇，頁231。
〔註387〕業力——意指行為或活動。（出處同註1，頁22）
〔註388〕煩惱障——指心識的染污或心識之毒。（出處同註1，頁22）
〔註389〕此段之說參見創古仁波切《三乘佛法心要》一書，頁22。

汝由往昔造惡業，今生得此惡報身，

奔竄虛空意生身〔註390〕，常爲惡心煩惱使，

口出惡毒瞋恨語，「殺之！割之！成碎塊！」

我乃布衣瑜珈士，已離妄念無分別。

心亦寂滅不可得，此見堅固無動搖；

諸根行用如獅子，我身一似諸佛身，

我語一似諸佛語，我心光明照大千，

六聚〔註391〕體性赤裸見，瑜珈行者如我者，

豈懼妖魔之侵擾？善惡因果實不爽，

如影隨形成異熟〔註392〕，現世多造諸惡業，

墮入三途實可憫！煩惱熾盛阿咱馬，

不見實相深可悲！〔註393〕

這些妖魔大軍因爲自己的惡心煩惱，而墮落在餓鬼道，遭受瞋恨心作祟、慳貪慾念熾盛的苦報，卻不知道自己墮落於三惡道的主因，依然無明地爲非作歹，也得不到修行與解脫的機會。

「滅聖諦」說明了止息痛苦之後的境界，因爲平息痛苦之道，在於淨除業力及煩惱障或染污，而「業力」、煩惱的緣起及覺受都在我們自身，這指的是息滅痛苦之後的樂果。業力可分爲身、語、意三種，又再細分爲善惡兩種，密勒日巴大師多半是以身、語、意之惡業，來警惕聽受者。而身惡業如殺生、邪淫及偷盜，語惡業如謊言、毀謗、粗言、侵略性言語及無用之言談，意惡業如瞋恨心、貪婪及無知等〔註394〕。密勒日巴大師在對老婦人唱「九種進諫曲」時，就明白點出她一生身、語、意所造的種種惡業，都具備了墮落於下

〔註390〕意生身——即爲卵、胎、濕、化四生中之化生。無血肉實質之身體，僅有由心意業力所生之無實質體相，故名意生身。（參見《密勒日巴大師全集》2篇註5，頁39。）

〔註391〕六聚——指六根：眼、耳、鼻、舌、身、意根，六境：色、聲、香、味、觸、法境，以及此六境六根相接觸而後所升起之六識。（參見《密勒日巴大師全集》2篇註6，頁39。）

〔註392〕異熟——今生之善惡業力能感受來生之苦樂各種果報。此異地、異時、異生而成之業果極爲堅強，不易轉變，如生而爲聾、啞、瞎、跛，乃至墮入惡趣之生，皆爲異熟。（參見《密勒日巴大師全集》2篇註7，頁39。）

〔註393〕此段引自《密勒日巴大師全集》2篇，頁31。

〔註394〕此段之說參見創古仁波切《三乘佛法心要》一書，頁23～27。

三道的因，同時，這些也正是她可以起修的實際項目，離棄了種種惡業，行持種種善業，才是切實之道。

　　密勒日巴大師在拉息雪山的大降魔窟居住時，遇見許多非人鬼眾變現各種兇惡可怖的境象為干擾，他教導那些墮入惡道卻不思解脫的眾生：

> 諸魔鬼妖善諦聽，汝等惡業魔軍眾，由眾業故自受報。
> 我已究竟法性地，現證萬顯皆法身，魔軍於我成莊嚴。
> 鬼魔諦聽善諦聽，汝等若皈依三寶，必能投生善妙地；
> 若能不食血與肉，必獲善界趣解脫；
> 若於眾生不損惱，必能速趣菩提道；
> 若捨不善及罪行，即能趣入佛陀教；
> 若能奉行十善法，則能了達上師訣；
> 若能息滅三門擾，則能趣入持明道；
> 若能持守堅誓戒，你我諧如達和解；
> 若能奉持三昧耶，必獲諸佛之攝受。

他告訴那些非人妖魔，八種修正自己身、語、意惡業的要點，與一切努力所能達到的益處。這八種行持功夫，一步一步、將這些身陷苦難中而不覺知的妖魔，引導至身、語、意如實向佛學習的路上，使他們不再只是隨順自己的業報，不斷地為害自己與一切眾生。

　　大師更將自己所體會到的身、語、意安樂之覺受，與施主們分享：

> 無人寂靜森林處，密勒日巴習禪樂，無有執著貪欲故，
> 行亦樂哉止亦樂！幻身無病盎然樂，無需睡眠靜坐樂，
> 無有妄念三昧樂，無有寒冷拙火樂，無有退悔禁行樂，
> 無勤無作耕農樂，無有喧鬧寂靜樂。此為「身」之諸安樂。
> 方便智慧二具足，此是大乘法要樂，起、正雙融〔註395〕合修樂。
> 氣離來去正念樂，無人交談禁語樂，此是「語」之諸安樂。
> 無執離相正見樂，無間恒住禪定樂，無有衰退法行樂，
> 無希無懼果位樂，此是「心」之諸安樂。
> 無轉、無念光明樂，大樂清淨入法界，「廣大交融」法爾樂，
> 無滅萬顯森然樂。我今略歌親覺受，身心極然大快樂！

〔註395〕起、正雙融——即是起分、正分，或生起次第和圓滿次第合修之法。（參見《密勒日巴大師全集》6篇註3，頁90。）

　　　　此乃見、行合一修，爲告勤求菩提者，皆應如是而修持。

這是修正身行舉止、言談方式與內容，進而修正心念所領略到的愉悅之感。這些快樂覺受都是由證悟自心而生起的，因此，修心仍是密勒日巴大師對弟子們最直入要訣的指點。

　　法道之眞諦稱爲「道聖諦」，因爲它是一條引領我們達到究竟目標的道路。而這修持佛法的五個主要階段稱爲「五道」，只要漸進地涉過這五個階段，就能到達最後的目的——斷滅一切苦及苦因。這「五道」分別是「資糧道」〔註396〕、「加行道」〔註397〕、「見道」〔註398〕、「修道」〔註399〕與「無修道」〔註400〕。而前面四道即所謂的法道，第五道是其他四道的結果〔註401〕。法道的這五個階段極爲分明有序，依次而來才能順利圓滿各個階段法教。密勒日巴大師曾將自己的身功德，以六種事喻，對大眾宣講：

　　　　密勒今日說六大：上師三寶恩德大，
　　　　本尊勝眾加持大，護法守者威力大，
　　　　耳傳口訣修持大，密勒日巴恆毅大，
　　　　弟子徒眾信心大。
　　　　次說密勒六種樂：無人幽谷暢懷樂，
　　　　上師口訣心中樂，下坐薄棉絨墊樂，
　　　　無人山洞獨居樂，飢飽平等幻身樂，
　　　　拳法修身依止樂。
　　　　再說密勒六集聚：白晝眾人來朝聚，

〔註396〕資糧道——在這個階段，修行者必須努力的積聚所有的有利因素來使自己進步，試圖開展精進心、福德及能較深入洞視事物之義的智慧等資糧。（參見創古仁波切《三乘佛法心要》一書，頁32）

〔註397〕加行道——此階段中，內在的覺性（即我們對事物的覺知）開始和洞悉萬法本性的能力相連接，因爲我們已經在積聚各種能使我們終於「見道」的善因緣了。（參見創古仁波切《三乘佛法心要》一書，頁34）

〔註398〕見道——在這個階段中，超越幻相之障蔽及洞悉事物眞相的內證已開展出來。（出處同註13，頁34）

〔註399〕修道——在這個階段的主要觀念，是要使自己養成洞悉事物本性的習慣。（出處同註13，頁35）

〔註400〕無修道——透過「修道」的功夫，已經淨除了極其細微的苦因，一旦已經做到這一點，就達到了最高的境地，沒有其他新的道路要涉越了，因此稱爲「無修道」或「無學道」。（出處同註13，頁35）

〔註401〕此段之說參見創古仁波切《三乘佛法心要》一書，頁31～35。

> 夜間空行來會聚，菩提脈輪命處聚，
> 自心無二境處聚，衣食供養自然聚。
> 次說密勒六屋堡：繞馬菩提成就堡，
> 紅崖谷堡鷲鵬堡，赤崖博托虛空堡，
> 蒙境虎谷獅子堡，嘎牙晶洞水木堡，
> 白崖馬齒中間堡。
> 再說密勒六殊勝：大手印見極殊勝，
> 那諾六法修觀勝，深方便道行持勝，
> 三身自成果位勝，噶舉上師加持勝，
> 密勒日巴口訣勝。

詩中所說的「六大」、「密勒六種樂」、「密勒六集聚」、「密勒六屋堡」、「密勒六殊勝」，實為自「五道」的次第實修而來，也是密勒日巴大師精進修持一生，最具有代表性的體會與成就。

（二）六道輪迴之苦——

密勒日巴大師用來勸化眾生學佛的主要內容，是談六道輪迴之苦，因為他所救度的對象上至天人界、阿修羅道、人道眾生，下至畜生道與餓鬼道、地獄道眾生。故大師敘述六道眾生之各種身苦與心苦，藉此激發眾生的出離心與深刻的反省。比方六十一篇中，他說明：天人道眾生因為過去生福德因果之故，享受各種快樂、導致根識昏昏，貪著快樂而放逸，但是習氣種子未清淨，因此福報享盡後，將隨著自己在所有享樂中、蒙昧生起而不自知的惡念，決定自己下生之處。

阿修羅道眾生的苦，在於以瞋恨心自傷，對自己所珍愛的人、事、物起貪執，對於其他一切都視為仇敵而排拒之，而且我慢之心也都造成此道眾生性情的暴烈難馴，並感生粗劣之身體。人道眾生為善作惡的果報效力，皆勝過其他各道，然而人往往因不了解心的根源，心無誠意與和諧，不能平等廣利他人，不知應機說法，不知當機論道，更不了解自己，而容易浪擲生命與學佛契機。地獄道眾生承受著自己累世斷命傷生，各嗇爭奪，弒殺父母、師，偷取三寶財物，惡語毀謗佛法等惡業的果報，沒有學習解脫之道的機會；餓鬼道眾生最受慳貪的心念所苦，因為生前努力守護著財寶而不願佈施，死後忍受飢餓、乾渴等痛苦。畜生道眾生則因為無知造殺業、愚癡不識佛法、怖畏、因生命不安而受苦，他們不能辨別使用符號，也不能分辨善惡業，故蹉

跎生命無法學習〔註402〕。

　　密勒日巴大師最常為人道眾生的苦作剖析，比方：他向新多姆開示生苦、老苦、病苦、死苦，說：人的出生是因為貪瞋而入胎，神識困在母胎中、受逼迫之苦，躺在諸多穢物中，心雖能回憶前生之事，但口已不能言。九個月置身母胎地獄中、受盡寒熱煎熬，初生時周身刺痛、弱質易夭。當人衰老時，髮白體衰、容顏憔悴、六根昏昧、子女友伴之來往漸稀，嚐盡寂寞之苦。當人生病時，疼痛寒暖之感不調，多因業感之故，而諸根病壞，即使醫生高明、仍難除宿業病痛。當人瀕死之時，呼吸未絕、而身體已敗壞、漸冷，所有財貨，親友都得放棄，連身體也無力再使用與自主，心識也昏沉不明〔註403〕。

　　「五陰熾盛」之苦，也是密勒日巴大師常談論的重點。因為，人的色、受、想、行、識五蘊，是造成人們生死輪迴的主因。比方他對獵士金剛護解說生命中的貪、瞋、癡、慢、疑等五毒之苦：

> 啟請各大成就士，息滅五毒祈加持，身是人體面似鬼，
> 鬼面獵士聽我歌！經云人身貴似寶，汝之人身不值錢。
> 汝形似鬼罪業聚，捕殺眾生謀私利，汝雖尋求此生樂，
> 因罪業故不能得。若能於內除貪著，必能獲得成就果，
> 捕捉外物有何用？汝應向內修禪觀。調伏自心時至矣！
> 捕殺麋鹿何能飽？內除五毒眾願足。克服捕殺外敵人，
> 越克越多無已時。若能於內降自心，一切仇敵自寂滅。
> 莫以生命造罪業，應用此生修佛法。我當傳汝六妙法，
> 教汝觀心大手印！

而人的一生，除了因為生、老、病、死而體會到的無常身苦與心苦之外，內心的貪、瞋、癡、慢、疑，卻是最令人受盡折磨的，這也是人們修行時，應該著手的地方。在五蘊造作、為祟之時，以佛法的修觀要訣，漸次修正這些習氣，達到去除五蘊貪執的成就。

　　大師特別討論過妖魔眾生的苦，比方他在布仁的普耀碩化緣時，於山洞中遇見一名企圖驅逐他的女鬼。大師不與理會，她就去招集大群妖魔，同來干擾大師的修持，密勒日巴大師規勸這些非人：

> 汝輩魔軍善諦聽：心黑鬼母極毒怨，餓鬼及諸大力鬼，

〔註402〕此段原文參見《密勒日巴大師全集》61篇，頁726～730。
〔註403〕原文參見《密勒日巴大師全集》48篇，頁614～617。

汝自造業自受報，毒心起故受苦惱，惡心生故福德盡，

貪吃慾熾食轉稀，飢火難熬壞自根。遊蕩頻故失自宅，

所作繁雜無已時。造惡業故事難成，誇言甚大難禦敵。

女鬼今番顯神變，決意凌辱嘲弄我，神變無實垢障耳，

應知神變皆幻化，無有真實豈作礙？

妖魔因為造惡業而受苦、起毒心而苦惱、生惡心而福德盡、貪食而飢火難熬，種種受苦都是因為過去生中，曾經因為五蘊轉成五毒，當時卻沒有修正，而今遭此苦報，這跟所有遭受五蘊熾盛之苦的人一樣，這也是各道眾生都會遭逢的苦，只是業報之輕重有所不同。

密勒日巴大師所談的生苦、老苦、病苦、死苦、愛別離苦、怨憎會苦、所求不得苦、五陰熾盛苦，足以引發廣大眾生對自己生活品質的反省，啟發一種將生命品質提昇、改觀的決心，這是引起眾生修習佛法的契緣。而他所說關於「四聖諦」的真理，則將修行的基本心念與基本方法，告知修行者，使他們有最基礎的真理可以參酌。除此之外，密勒日巴大師還在各段字句之間，表達了中觀思想、唯識思想、如來藏思想等，比較深奧的道理。不過，這一切的法教，無非就是要肯定：眾生皆有成佛之清淨本性。而努力克服習氣、學習身語意善業、學習轉變「心」的思維習慣與內容、學習可以幫助人迅速解脫輪迴的「大手印」法，這一切一切的修學，都是可以使人成功的要訣。

這所有的法教，使人們的眼光由俗世生活的一切，轉而投向出世修行生活的追求。對於一向黏著物質的世間人而言，無異於在他們的心靈闢了一道門，為他們迎請了佛法的光芒，入駐於昏沉、平庸已久的人生。對未聞佛法的人，是一種來自佛菩薩的贈禮、累世努力結來的善緣。對學佛尚未精到的修行者來說，何嘗不是上師與諸佛的加持？因此，《密勒日巴大師全集》對於眾生的思想層面，起了一種全新洗滌、撥雲見日的功能，所有的真理，不僅旨在「破」眾生的執迷，也在「立」給眾生一種依瑜珈修行而得成就的法門。

第二節　形式方面的貢獻

《密勒日巴大師全集》一書，在西藏文學史上具有著承先啟後的重要性。因為它的創作形式有著多重特點，對後世文學作品產生重大之影響。比方：韻文與散文合一的形式。桑吉堅贊創作這部書，延續著吐蕃時期「贊普傳略」

類作品的特色，在散文敘述中加入了詩歌，這不但增加行文的變化與趣味，更令人物的對話顯得簡潔、生動，整部書也因此充滿了韻律之美。更重要的是，作為密勒日巴大師後半生的傳記作品，它如實呈現了大師藉由美妙的歌聲、富節奏感的說理，來教化眾生的善巧方式。

詩歌，是這部書的主要內容，它包含了密勒日巴大師敘述師承、家世背景、修行證解與覺受、各種修持要訣、「四聖諦」、輪迴之苦等題材，還有弟子們提出的疑問與陳述修行之決心、回答僧眾的質辯等。這些詩歌，使用了民歌中的「魯體民歌」與「自由體民歌」格律，所以，風格顯得活潑而自由、易於為人們接受。同時，這些詩歌也取用了民歌的素材，比方：密勒日巴大師遷居到獨利盧空堡時，有施主由著銅地方來訪，他們問大師此地有何佳勝之處，值得大師停留。他說：

> 於此寂靜盧空堡，上有雲層濃霧繞，下有碧澄藏江流，
> 紅崖矗立沖天際。前面綠密草原上，野花一片競芬芳；
> 草原邊際無人處，時聞野獸吼嘯聲，驚鵬翱翔闊天際。
> 細雨密濛降又停：蜜蜂吟歌聲嗡嗡，牝鹿母子戲奔撲，
> 猿猴跳躍任嬉戲，雲雀山雞競歌鳴；溪水潺潺滌塵襟，
> 美景如是常為伴，如是勝地難思議！我今暢懷為汝歌，
> 歌中流出勝口訣。來此男女施主眾，汝等何不仿傚我，
> 捨棄惡業行善事，專心一意勤修行？

詩中所描繪的山林花鳥、如畫景緻，色彩繽紛而情態生動，正是藏人民歌中的常用素材。是終生活躍在大自然懷抱中的人們，對美麗家園的禮讚，也表現出密勒日巴大師對大自然美景，細膩鑑賞的閒情雅趣。

《密勒日巴大師全集》一書，在形式上更重要的特色，是開創了「道歌體」的流派。如《中國少數民族詩歌史》一書所說：

> 《米拉日巴道歌集》是作家寫作"道歌"的第一部作品，後世僧徒
> 相繼仿傚，影響極為深遠。在藏族作家詩歌史上，形成了一個著名
> 的"道歌體"流派〔註404〕。

這段話中的「作家」，指的是《密勒日巴大師全集》的作者——桑吉堅贊（西元1452～1507）。當時的西藏歷史，正當中原地方的元明時期，而這個時期的西藏文學特色，是傳記文學類作品正蓬勃發展。加上朗達瑪燬佛運動之後，

〔註404〕本段引自祝注先主編之《中國少數民族詩歌史》頁95。

佛教各教派各自尋求政治勢力的護持，不免「百家爭鳴」的宣揚自己的主張，因此，爲自己教派中有名望的祖師書寫傳記，展現他們的思想與智慧，成爲一種風尚，同時也可以爲自己的教派招攬爲數不少的信徒。而身爲主巴噶舉派弟子的桑吉堅贊，在文學的發展規律與歷史、政治因素的聚合之下，即乘此時的風潮，而作《密勒日巴大師全集》一書。

「道歌體」是以這類作品的內容來命名的，以《密勒日巴大師全集》爲例，書中的每一篇故事，所講述的都是求法、修行的主題。則不論來訪的是具備大善根的弟子，或一般施主，甚至於心懷邪見的僧人、來犯的妖魔，都一一被密勒日巴大師攝受，並且誠心請求法教、切實修持。書中最主要的詩歌，都是證道歌與求道歌，都以各種佛法眞理與修行成就、傳授心要爲題材。所以詩歌內容比一般文學作品具有深度，而且眼界也提昇了，使一般世人由對生活物質的關注，轉而著眼於更高品質的心靈修養。

「道歌體」作品以民歌的形式，增加了文章的趣味性與行文變化，同時也吸收了民歌的文字風格。因爲除了「大手印」、「氣脈明點」、「涅槃」、「平等性」、「空性」、「三身」、「瑜珈士」、「本尊觀」、「無明」、「瞋恨」等宗教用詞之外，散文與詩歌的部份，都以簡單而樸實的字句來書寫。比方：密勒日巴大師告訴咬住他足趾的紅色母狗（崖魔女所變現）

> 大鵬遊處嶺巴洞，密勒日巴帶吉祥，渠乃自利利他者，
>
> 捨棄今生一切者，發大慈悲菩提心，力求即身成佛者。
>
> 當渠一心修持時，崖魔妖女莫傷渠！〔註405〕

句子流暢而字詞簡單，以純粹白描的直言方式，傳達密勒日巴大師介紹自己，並勸導崖魔女的意思，此亦爲這部書中最主要的文字特色。例外的二十八、二十九、三十與三十一此四篇，因爲文章風格與寫作方式特殊，故不列爲桑吉堅贊之作品而討論。

在形式方面，《密勒日巴大師全集》的特色：散文與韻文合一，採用民歌的形式與素材，形成「道歌體」這個特殊流派，這一切都對後世文學作品，產生了極大的影響。首先是各大教派陸陸續續有仿作的「道歌體」作品，由此開始，而關於各派著名祖師的傳記與作品集，也蓬勃發展，民歌的形式，則應用到宗教等更廣泛的層面。以往，民歌只是流傳在山里林間的通俗娛樂，而今民歌的形式出現在文人的作品中，並且與佛法思想結合，增加了內容的

〔註405〕本詩參見《密勒日巴大師全集》4篇，頁62。

深度，不再只是吟詠大地景色與男女愛情。

　　因爲《密勒日巴大師全集》的啓發，所以往後的各大教派，也循著同樣的模式，將宗教思想與文學作品結合。後來帶有宗教色彩的文學作品，竟成爲文壇的主流特色。比方：薩迦派有貢噶堅贊的《薩迦格言》，創「格言體」詩的先例；噶舉派的巴渥.祖拉陳哇仁波切所寫的宗教歷史之作──《賢者喜宴》等。

　　雖然佛教對西藏文學一直有著深遠的影響，不過要到《密勒日巴大師全集》的出現，才有：以西藏人物爲主角、以西藏山川景物爲舞台、以瑜珈修行爲主題、以魯體民歌與自由體民歌爲傳法的主要形式的作品。因此，它稱得上西藏宗教文學作品的佳作，全書充滿著佛教在西藏發展的特色。

第三節　適用功能上的貢獻

　　桑吉堅贊所著之《密勒日巴大師全集》一書，以宣揚佛教教義爲主要內容，同時爲自己教派中特有名望的祖師，立一部個人的傳法傳記與道歌總集，是一部充滿宗教意味的文學作品。另外就作者當時的時空背景與寫作目的來看，這確是一種爲宗教而文學的時代風潮，因此這部作品具備了文學與宗教兩方面的適用功能。分述之如下：

（一）文學方面的適用功能──

　　桑吉堅贊所著之《密勒日巴大師全集》，採用了藏族人民喜愛的民歌格律形式，即「魯體民歌」與「自由體民歌」，坦率地表現人民的情感與思想，又加入了智慧融通的佛教思想，與噶舉派祖師精釆的度化眾生事蹟。這樣的創作使得民歌的內容更豐富、思想更有深度、意境也提高，延續了民歌體裁在西藏文學史舞臺上的生命力，也改造了民歌的面貌，由那些原始的巫術思維、神話崇拜與男女愛情、吟詠景物等舊有的窠臼跳脫而出，成爲闡述佛法眞理的哲理詩，因而被稱爲「道歌體」。

　　文學，又是一種反映人生百態的工具，它可以描摹各種人生境象、發抒人類的情感、傳布人們的思想、反映社會的脈動，各種人生在文字筆墨之間，就顯得豐富、有趣、動人而多彩。同時，它也提示了人類共同的問題。因此，若視《密勒日巴大師全集》一書，爲純粹之文學作品，則可見出人類共同的生命難題，在於貪、瞋、癡、慢、疑等五毒之苦。所以，人們會捨不得親人、子女，會放不下家宅、田園，會受不了身敗名裂，而最困難的是：輪迴再輪迴，生了

又死、死了又生，卻解脫不了這六道連環的牢獄。這樣的文學呈現，無非是切關乎《密勒日巴大師全集》一書的宗教性質，也正因爲依賴著這種基本觀點，所以這部文學作品可以動人心弦，令讀者們眞誠地面對自己的生命。

這部書記述密勒日巴大師弘揚佛法的後半生，以篇章分立的形式、記載著他在不同地方的生活內容。而這種種描述，突顯出密勒日巴大師身爲噶舉派在西藏的第二位傳承祖師，採用瑜珈修行生活得到證悟之後，利益廣大無邊眾生的事蹟，而他最後更往生東方現喜刹土〔註406〕。這樣詳盡的傳記作品，在桑吉堅贊那個時代亦未多見，更特別的是，立於傳記的主角爲宗教人物，還帶有著傳法用意。因此，這樣的特色，爲後來的各派有才之士所吸收，後來各著名祖師的傳記，也就應運而生。比方：《布敦大師傳》、《薩迦班智達傳》、《湯東結布傳》、《朱巴滾勒傳》等，目前已見於著錄的就有四百多種。

（二）宗教方面的適用功能——

《密勒日巴大師全集》一書，以密勒日巴大師弘法的後半生爲主題，各分篇章、詳述傳法的相關人、事、時、地、物，以及最重要的修持方式，是文人作家寫作「道歌」的第一部作品〔註407〕。這種作品對於教派內的弟子而言，不但是介紹特有名望之祖師的好方法，也是宣揚自己教派特有修持主張的妙計，可以引發許多大眾，產生對自己教派的信心、並得到護持。而寺院中常年接受五明〔註408〕教育、有才有識的僧人們，也有一展所能的機會，因此，這種文學創作的方式乃廣受歡迎、影響深遠。

對教派以外的一般大眾而言，《密勒日巴大師全集》一書，既有豐富、神變的故事情節，含義深遠而易懂的詩歌，還有許多值得效法的美德，是一部易讀、精采而富教育意義的宗教作品。這使得人們對佛教眞理的接受度提高，也令他們有知名的西藏成就者做爲楷模。因此，學佛並不再是一種難以接受的事，反而因爲密勒日巴大師這樣的人物出現，所以，人們眞實明白了佛法

〔註406〕《密勒日巴尊者傳》說：「有的徒弟看見尊者報身莊嚴，坐獅子座，四部空行捧送，金剛亥母導引，於不可思議天樂供養雲中，往東方現喜刹土飛去。」頁311。

〔註407〕此言參見《中國少數民族詩歌史》頁95。

〔註408〕五明——印度古代學者以五種學問來概括一切智識 1.因明：是講求理則的學問，類似西洋之邏輯學；2.聲明——研究辭藻及文藝的學問；3.工巧明：實利之應用科學；4.醫方明：醫學；5.內明：研究所信奉之宗教之經典的學問。（參見《密勒日巴大師全集》34篇註1，頁433。）

對生命的意義，更樂於切實投入修行生活。

　　因此，《密勒日巴大師全集》一書，兼具宗教作品與文學作品兩種特色，狹隘地說，他爲噶舉派弟子宣揚耳傳口訣、瑜珈修行方式、「大手印」法等，造成暢通無阻的便利；廣遠而說，對於西藏佛法的流布，形成另一種特殊而簡便的方式，使人容易接受。

第八章 結 語

　　本論文的結構，在研究動機與研究方法上，提出了依循噶舉派教法的主張，這是為了避免誤會種種論點的努力。分析《密勒日巴大師全集》一書的文學與宗教性質，成為後續諸篇章的討論主軸。討論此書在西藏文學史之發展上，所處的時空環境、文學風氣與重要性。研究密勒日巴大師其人與一切背景，作為啟發研究詩歌集的引子。對於《密勒日巴大師全集》一書，則討論其各篇章獨立、韻文與散文合一、敘事與說理合一的結構特色。分析書中特出的故事情節與代表性人物。歸納整部書所談的五個主題思想：對上師與諸佛菩薩的感恩，抒發修行之悟境與覺受，捨棄對世間之一切貪執，傳授修行之法要，強調住山修行之重要性及益處。與此書對宗教界與文學界，在思想、形式、適用功能方面的價值和影響。

　　綜合以上之論述，可知《密勒日巴大師全集》一書，兼具多樣之重要性。就噶舉派修行者而言，它是傳承法脈中著名祖師的傳記，也是證悟者之智慧法語，來自傳承中各位祖師的加持；對於其他教派而言，這是一個值得模仿、用以推廣自己教派的宣傳方式。對一般施主而言，這是明白實修成就的重要參考資料。因為《密勒日巴大師全集》是一部人、事、時、地、物等內容，都充滿宗教色彩的作品。

　　以文學作品的角度來觀察，則這部書的故事情節有趣而內容豐富，人物性格鮮明而生動。散文敘述部分，流暢而平實；詩歌部分，則具備著智慧深入、文字樸實、自由活潑的特色。敘事，使人對密勒日巴大師其人與一切動態瞭若指掌；說理，不論談的是人生境遇或者佛法真理，都令人引發深思，恆慮生命的內容及意義。因此，當它是一部文學作品，《密勒日巴大師全集》

不但將人的各種情執與黏著打破，更提供了一個寬廣的思想空間給六道眾生，還指點出一個「即身成就」的修行法門，是一部思想色彩濃厚的文學作品，足以將讀者的生命重點作一大調整。

《密勒日巴大師全集》一書，因為宗教與文學這雙重性質，以證道歌、求道歌為重要內容，所以創生了一個「道歌體」流派，影響到後世各教派的文學創作、宗教作品的風格與內容。而它在西藏文學史的發展上，屬於傳記文學類，又代表了吐蕃時期「贊普傳略」特色的遺傳，並下開「道歌體」流派。因此這承先啟後的重要地位，使它成為文學中的瑰寶，一部極具深度的人物傳記。

在文學史上的重要性如斯，而研究《密勒日巴大師全集》的專書與單篇論文卻不多，因為目前對於西藏學的研究，主力多放在歷史、政治與宗教等作品上。比方：張福成〈阿底峽《菩提道燈》內容研究〉一文，呂秋文之《西藏之政治地位》，陳又新之《甘丹頗章政權建立之經過》一書，與王輔仁之《西藏密教史略》一書。而《密勒日巴大師全集》既是宗教著作、也是文學作品，既是傳記、也是詩歌集，因此，具有更寬廣的研究空間，值得深入探討。

對於《密勒日巴大師全集》，與所有西藏文學作品的研究，若模仿中國古典文學的傳統方法，分文字、聲韻、訓詁三個部分來研究，會有更大的收效。精通西藏語言文字，究文字之變，可以通曉藏文字句所代表的歷史背景、文化意涵；明聲韻之變，具備聲韻學、語言學等訓練，可以對詩歌的研究更深入，剖析藏人聲律之美；以中國訓詁學的方式，研究字句意義的轉變與使用，以求融會貫通文義。如此一來，這如同外文學術的藏文材料，就不容易再有字形誤判、字義誤解的現象。另有一個學術研究上不得不重視的文字流變，則西藏文字源自印度梵文。西藏文字是西元七世紀、松贊干布為王時，由吐彌桑布扎等十六人，遠赴印度學習、以梵文為基礎而創制的，這也成為影響西藏文字語意解讀的重要因素。

而研究《密勒日巴大師全集》這類具有宗教性質的文學作品，研究者又必須具備宗教的素養為基礎。誠如翻譯者張澄基先生所言：

> 密勒歌集之偉大及重要，不必在此贅說，由讀者自己去評審最好。但是要了解和欣賞密勒歌集，卻必須具有最低的幾個條件。第一、對佛學之一般常識要相當充足。第二、對西藏無上密宗之教義及宗風有一清楚的認識。第三、於密宗一般專門術語相當熟諳，並且最

好能在般若空性及禪宗的修持方面略有趣入〔註409〕。

對於佛學、西藏密宗與般若空性，都有深入地了解，對於這部書的研讀才能更契入精要，也因爲這些紮穩的基礎，對於書中的神奇幻變色彩，才不會太驚異，誤以爲這是怪力亂神的惑人手法。所以透過文字、聲韻、訓詁與宗教素養四方面研究所得的配合，對於《密勒日巴大師全集》的研究，會更深入精闢。而一般西藏文學作品，又長期深受佛教思想的影響，因此以研究這部書的方法爲基礎，解讀其他文學作品，也不會再有太多困難。

〔註409〕此段參見《密勒日巴大師全集》〈譯者的話〉頁12。

參考書目

一、專書部分

1. 《密勒日巴尊者傳》，張澄基譯，慧炬出版社，86 年 3 月。

2. 《密勒日巴大師全集》，張澄基譯，慧炬出版社，86 年 3 月。

3. 《西藏佛教史》，矢崎正見所著、陳季菁所譯，文殊出版社，中華民國 75 年 10 月初版。

4. 《西藏文學史》，文殊出版社，中華民國 76 年 3 月初版。

5. 《藏族文學史》，馬學良等主編，四川民族出版社，1994 年 9 月修定再版。

6. 《佛教與藏族文學》，丹珠昂奔所著，中央民族學院出版社，1988 年 12 月第 1 版。

7. 《西藏佛教密宗》，李冀誠著，今日中國出版社，1990 年 4 月。

8. 《達賴喇嘛自傳》，達賴喇嘛著；康鼎所譯，聯經出版社，1990 年初版。

9. 《藏族哲學思想史論集》，北京，民族出版社，1991 年。

10. 《佛法概要》，明晹法師著，平溪大香山觀音禪寺倡印，中華民國 81 年 7 月 28 日。

11. 《薩迦傳承史》，黃英傑譯，大手印文化出版，1994 年初版。

12. 《漢藏比較文學概論》，周延良著，中央民族大學出版社，1995 年 3 月第 1 版。

13. 《中國少數民族詩歌史》，祝注先主編，中央民族大學出版社，1994 年 11 月第 1 版。

14. 《民國密宗年鑑》，黃英傑，台北：全佛出版社，1995 年。

15. 《三乘佛法心要》，創古仁波切，眾生文化出版社，中華民國 85 年初版。

16. 《雪域中的珍寶：藏傳佛教》，姜安著，圓明出版社，民國 85 年。

17. 《佛教密宗百問》，李冀誠等著，佛光出版社，中華民國 85 年二版。

18. 《中國藏傳佛教史》，冉光榮，文津出版社，中華民國 85 年 9 月初版。

19. 《中國社會史》，黃寬重與柳立言等編著，國立空中大學用書，中華民國 85 年初版。

20. 《藏傳佛教世界》第十四世達賴喇嘛所著，陳琴富譯，鄭振煌校訂，立緒文化，中華民國 86 年初版。

21. 《止觀禪修》創古仁波切，眾生文化出版，中華民國 86 年初版。

22. 《西藏佛教史》，聖嚴法師著，法鼓文化，1997 年初版。

23. 《西藏佛教發展史略》，王森著，中國社會科學出版社，1997 年 4 月。

24. 《大乘佛學》，舍爾巴茨基著，宋立道博士譯，圓明出版社，中華民國 87 年第一版。

25. 《四加行》，堪布卡塔仁波切主講，謝思仁中譯，屬噶舉人法集（八），寶鬘印經會發行，民國 87 年 1 月。

26. 《西藏十六世噶瑪巴的歷史》，噶瑪聽列仁波切著，寶鬘印經會，中華民國 88 年 1 月校修版首次印刷。

27. 《佛性──《究竟一乘寶性論》十講》，創古仁波切著，眾生文化，中華民國 88 年初版。

28. 《水晶寶鬘：藏學文史論集》，王堯著，佛光出版社，民國 89 年初版。

29. 《論西藏政教合一制度》，東噶・洛桑赤列著，郭冠忠、王玉平譯。

30. 《安多藏區土司家族譜輯錄研究》，王繼光著，北京，民族出版社，2000 年 8 月第 1 版。

31. 《吐蕃政教關係史》，石碩著，四川人民出版社，2000 年 8 月第 1 版。

32. 《明代藏族史研究》，伊偉先著，北京市，民族出版社，2000 年 7 月第 1 版。

33. 《民族研究文集》，郎維偉、袁曉文主編，巴蜀書社出版，2000 年 4 月第一版。

二、單篇論文

1. 〈藏族本教的起源與發展問題探討〉，格勒、祝啓源著，《世界宗教研究》1986 年 2 期。

2. 〈試論本教研究中的幾個問題〉，才讓太，《中國藏學》1988 年 3 期。

3. 〈藏族古代作家文學與藏傳佛教的關係〉，佟錦華，《中國藏學》1990 年第 2 期。

4. 〈塔波拉結與塔波噶舉派〉，張天鎖，《中國藏學》1991 年第 3 期。

5. 〈《米拉日巴道歌》佛教哲學思想初探〉，白瑪旺杰，《藏族哲學思想史論集》，北京，民族出版社，1991 年。

6. 〈「大手印」與「那饒六法」記述〉，石世梁，《中國藏學》1992 年 2 月。

7. 〈《米拉日巴道歌》的美學分析〉，馮曉平，《中國藏學》北京市中國藏學出版社，1994 年 11 月 4 期。

8. 〈台灣與西藏及在台的藏傳佛教研究〉，王俊中，《思與言》37 卷 2 期，1996 年 6 月。

9. 〈淺談四川藏族民歌——魯〉，李學琴，《西南民族學院學報》1996 年第 5 期。

10. 〈漢傳佛教與東方文化〉，任繼愈，中華佛學學報第 12 期，1999 年 7 月出版，中華佛學研究所發行。

11. 〈藏傳佛教在台灣發展的初步研究〉，姚麗香，臺大《佛學研究中心學報》第五期，2000 年。

12. 〈藏傳佛教寺院教育與藏民族的發展進步〉，尚云川，《民族研究文集》，巴蜀書社，2000 年 4 月第 1 版。

13. 〈論藏族民間婚喪禁忌〉，曲吉降澤，《民族研究文集》，巴蜀書社，2000 年 4 月第 1 版。

附錄　論江采蘋其人及作品

一、關於江采蘋故事的疑義

　　署名唐人曹鄴〔註1〕的作品《梅妃傳》〔註2〕一書裏，記述了唐玄宗寵妃
——江采蘋的故事，寫江妃年幼穎慧、長而明秀，得以進侍明皇，因愛梅成
癖、被晉封爲梅妃，她不但清麗高雅、端莊大方、言語得體，還多才多藝、
一時享有帝王的專寵。最後寫到楊貴妃奪寵、兩人在後宮曾明爭暗鬥，即使
自己寫賦以邀寵，依然不能再獲帝王恩遇。終至於安史亂中，被拋棄在深宮、
死於亂臣賊兵之手，只能在陰陽兩隔的情況之下再會君王。後來，清代褚人
穫之《隋唐演義》一書，隨著曹鄴的作品《梅妃傳》、又鋪陳敷衍出了更生動
的情節，從第七十九回到九十九回中，褚氏將梅妃的故事羅織在整個盛唐王
朝的動亂裏，交錯在無數王侯將相、宮廷妃嬪之間。《隋唐演義》多了一段情
節：寧王在酒宴上踩住她的珍珠鞋、藉以調戲，線斷了之後她藉故退到後室、
就不再出面，也沒有聲張寧王的不規矩行爲，一方面是顧全自己與寧王的情
面，更重要的是因爲她深知唐玄宗極爲友愛兄弟、代爲周全了兄弟的情誼。
不過，即使在這段刻意鋪陳的玄宗朝歷史裏，關於江采蘋的故事情節依舊不
算多。然而，幸的是褚人穫爲她安排了一個比較不悲愴的結局，讓她在安史
亂中得以保全性命、亂後能夠再回宮侍奉君王，最後雖然又夭折殤逝，卻是

〔註1〕曹鄴字鄴之，貴州陽朔縣人，唐大中年間進士。
〔註2〕參見明代陽山顧氏文房版，《梅妃傳》，錄於嚴一萍氏所選輯之藝文印書館【百
　　　部叢書集成】。

重享榮華、仙籍有份，刻意美化了這位形象清雅的女性〔註3〕。

曹鄴的《梅妃傳》寫作了一個兵荒馬亂之際、宮廷嬪妃的尋常結局，若不是自盡夭亡，也將受盡凌辱、死於亂兵賊子之手，最後的相會呈現出唐代因為宗教思想自由而盛行的幽冥界觀點；褚人穫之《隋唐演義》將悲悽的故事敷以神仙傳說的色彩，平衡了江采蘋在楊貴妃受專寵之時所遭遇到的冷落待遇，這個結局所展現的是道家神仙思想。前書悲苦層多、抑鬱收場，而後書則是柳暗花明、驚喜連連，相同之處在於：兩者都引動了後人對深宮嬪妃的同情。但是，褚人穫之《隋唐演義》已經確然是一部長篇歷史演義小說，那麼曹鄴的《梅妃傳》真的就是一部可靠的歷史傳記嗎？或只是小說呢？就像唐代其他的傳奇作品一般，只是以「傳」為名〔註4〕呢？

近人魯迅在《中國小說史略》一書之第十一篇〈宋之志怪及傳奇文〉曾說：

> 「宋代雖云崇儒，並容釋道，而信仰本根，夙在巫鬼，顧徐鉉、吳淑而後，仍多變怪讖應之談，……傳奇之文亦有作者：……不知何人作者有《大業拾遺記》二卷，……又有《開河記》一卷，……。《梅妃傳》一卷亦無撰人，蓋見當時圖畫有把梅美人號梅妃者，泛言唐明皇時人，因造此傳，謂為江氏名采蘋，入宮因太真妒復見放，值祿山之亂，死於兵。有跋，略謂傳是大中二年所寫，在萬卷朱遵度家，今惟葉少蘊與予得之；末不署名，蓋亦即撰本文者，自云與葉夢得同時，則南渡前後之作矣。今本或題唐曹鄴撰，亦明人妄增之」〔註5〕。

《古小說散論》一書亦有相同說法，並考證曰：

> 「按朱遵度好讀書，人目為『朱萬卷』。子昂，稱『小萬卷』，由周入宋，為衡州錄事參軍，累仕至水部郎中。景德四年卒，年八十三。《宋史》（四三九）《文苑》有傳。少蘊則葉夢得之字，夢得為紹聖四年進士，高宗時終于知福州，是南北宋間人。年代遠不相及，何

〔註3〕《隋唐演義》中假設江采蘋本來就是蕊珠宮下凡的仙女。記述帝王倉皇逃奔之後，她本來要自盡、幸而得到韋氏仙女相救，乘驢飛昇、送往小蓬瀛修真觀隱居。亂平之後被王侯貴族無意中尋回，復返宮廷陪侍玄宗，可惜恩愛不長、因病夭折。臨終前見仙女來迎接，所以魂魄歸修於原本來處的蕊珠宮。

〔註4〕以「傳」為名的傳奇頗多，如〈霍小玉傳〉、〈李娃傳〉、〈鶯鶯傳〉、〈補江總白猿傳〉等，有的以真實人物為主角，有的主角卻是捏造虛構的人物。

〔註5〕引文參見《魯迅小說史論文集——中國小說史略及其他》，里仁書局，1994年11月初版二刷，頁86～91。

從同得朱遵度家書？蓋并跋亦僞，非眞識石林者之所作也。今即次
之宋人著作中」〔註6〕。

故知，魯迅認爲：在唐玄宗的后妃群裏、沒有梅妃這個眞實人物；《梅妃傳》
只是一般的傳奇作品，也不是唐人所創作，應爲宋人所寫、託名爲唐代曹鄴
的作品。因爲，根據書跋來看：號稱萬卷的宋初青州人朱遵度，與晚唐的名
人曹鄴〔註7〕，其年代已有頗多差距；再與南宋吳縣之葉夢得（字少蘊）生存
年代又相差更遠，因此書跋的資訊有眞也有假，或者也可能全爲託名之故。

　　所以，根據前段文字的辨證，《梅妃傳》可能眞的曾經收錄於朱遵度家中，
後來輾轉落入與葉夢得同時（南北宋過渡期之人）的 流通者 手中，但原作者
又是誰呢？爲何又要託名爲唐代曹鄴呢？大約是想藉由曹氏的文學成就，來
強化梅妃故事的可靠性吧！因此，魯迅將《梅妃傳》列爲宋代的志怪與傳奇
文，似乎是比較可信的判斷。

二、江采蘋個人相關資料

　　關於江采蘋的背景資料，顯然可循的線索是《舊唐書》、《新唐書》、《開
元天寶遺事》、《明皇雜錄》、《次柳氏舊聞》、《開天傳信記》、《東觀奏記》、《安
祿山事迹》、《大唐新語》、《雲麓漫鈔》、《北夢瑣言》、《封氏聞見記校注》、《齊
東野語》等唐宋史書與史料筆記，還有後來清代所撰的《福建省莆田縣志》
等地方志。

　　但是，正史的《舊唐書》與《新唐書》中，例舉玄宗的廢后王氏〔註8〕、
貞順皇后武氏〔註9〕、楊貴妃〔註10〕與元獻皇后楊氏〔註11〕等人的列傳，尤其

〔註6〕引文之書同註5，頁487。

〔註7〕曹鄴乃大中年間進士，後來與晚唐名詩人轟夷中、蘇拯、邵謁等人詩歌齊名，
　　　　故稱其爲名人。

〔註8〕玄宗廢后王氏：《舊唐書》卷五十一〈后妃列傳第一〉謂王氏同州下邽人，梁
　　　　冀州刺史神念之後，上爲臨淄王時納后爲妃，后兄守一以后無子、常懼有廢立，
　　　　導以符厭之事，後竟廢爲庶人、別院安置、刑于家室。開元十二年秋七月己卯
　　　　被廢，其年十月卒、以一品禮葬於無相寺，寶應元年雪免、復尊爲皇后。

〔註9〕貞順皇后武氏：《舊唐書》卷五十一〈后妃列傳第一〉謂乃武則天從父兄子恆
　　　　安王攸止女也，幼時隨例（因罪沒入宮掖）入宮，上即位漸承恩寵，及王庶
　　　　人廢後、特賜號爲惠妃。開元初生夏悼王、懷哀王與上仙公主皆不育，至生
　　　　壽王瑁、不敢養於宮中，命寧王憲養於外，又生盛王琦與咸宜、太華二公主，
　　　　開元二十五年十二月薨、年四十餘。

〔註10〕楊貴妃：《新唐書》卷七十六〈列傳第一　后妃上〉謂隋梁郡通守汪四世孫，

是記述到玄宗的楊貴妃時，並沒有一語提及江采蘋的相關內容。若說後宮佳麗千萬、不能一一備載，但是《新、舊唐書》都同時記載了楊貴妃家族與廣平公主的車隊爭道、衝突事件〔註12〕，難道一個曾經與楊貴妃同時爭寵的妃子，卻更不該記載嗎？而且，根據比較不遮掩唐玄宗過失的《新唐書·楊貴妃列傳》所言：

> 玄宗貴妃楊氏，隋梁郡通守汪四世孫。徙籍蒲州，遂爲永樂人。幼孤，養叔父家。始爲壽王妃。開元二十四年，武惠妃薨，後庭無當帝意者。或言妃姿質天挺，宜充掖庭，遂召內禁中，異之，即爲自出妃意者，丐籍女官，號「太眞」，更爲壽王聘韋詔訓女，而太眞得幸。善歌舞、邃曉音律且智算警穎、迎意輒悟，帝大悅遂專房宴，宮中號「娘子」，儀體與皇后等。　天寶初，進冊貴妃。追贈父玄琰太尉、齊國公……

所以，開元二十四年之後、玄宗十分哀傷武惠妃之死，沒過多久就有人建議他召壽王妃爲妾了，這中間的空檔應該不會太長，所以曾經別有嬪妃受寵的事情應該不會發生。

後來玄宗強奪壽王妃爲己妾、專寵一人，並且在天寶初年冊封楊氏爲貴妃，而楊貴妃入宮之後又地位尊隆、勢同於皇后一般，更不可能有機會讓其他的妃子長時間留連在帝王身邊，當然也不可能發生《梅妃傳》一書裏，二妃爭寵、玄宗與梅妃在翠華西閣敘舊，楊貴妃凌晨捉姦的故事情節。更重要的是，《梅妃傳》所說的「開元中高力士使閩粵，妃笄矣，見其少麗、選歸侍明皇，大見寵幸」，在這個時間點上，正是楊貴妃享盡恩寵、權勢與富貴鼎盛之時，怎麼可能再有高力士選妃的事情呢？因此，將《梅妃傳》與《新、

徙籍蒲州、遂爲永樂人，幼孤、養叔父家，始爲壽王妃。開元二十四年惠妃薨，後庭無當帝意者，或言妃資質天挺、宜充掖廷，遂召內禁中，異之、即爲自出妃意者，丐籍女官號「太眞」，更爲壽王聘韋詔訓女，而太眞得幸。善歌舞、邃曉音律，且智算警穎、迎意輒悟，帝大悅、遂專房宴，宮中號「娘子」，儀體與皇后等。

〔註11〕 元獻皇后楊氏：《新唐書》卷七十六〈列傳第一　后妃上〉謂華州華陰人，曾祖士達爲隋納言，天授中以武后母黨、追封士達爲鄭王，父知慶爲太尉。景雲初入宮爲良媛，因神靈護祐乃生肅宗，命王皇后撫之如所生，至肅宗即位、至德二年乃追封爲后。

〔註12〕 《新唐書》卷七十六〈列傳第一　后妃上〉曰：「（天寶）十載正月望夜，妃家與廣寧主僮騎爭團門，鞭挺謹競，主墮馬、僅得去。主見帝泣，乃詔殺楊氏奴，貶駙馬都尉程昌裔官。」

舊唐書》的時間與記事相對照，證明了《梅妃傳》捏造史實的寫作內容，因此，它非常有可能只是一部傳奇小說。

況且，朱子彥《帝國九重天─中國後宮制度變遷》一書曾說：

> 玄宗認爲「后妃四星，其一后也，既有后位，復立四妃，則失其所法象之意焉。」遂改定爲三妃。其名曰：惠妃、麗妃、華妃。……玄宗改定的制度，並非一成不變。大體格局之下，亦時有特例。如需改四妃爲三妃，卻仍封有貴妃（楊玉環則封爲貴妃）〔註13〕。

可見並沒有以花之名來冊封妃嬪的例子，因此連「梅妃」此號、以傲骨於寒霜中的梅花喻人，也是作者特意要讓主角顯得更高貴而創的。

甚至於後來清代官修的《福建省莆田縣志》一書，其內容與此《梅妃傳》的敘述也幾乎完全一樣。此書由廖必琦與宮兆麟等所修、宋若霖等所撰，是光緒年間由潘文鳳所補刊之文本，屬於官方正式的地方志史書。但是，這部地方志是否誤將傳奇小說的人物當成歷史人物，這實爲可疑，因爲《福建省莆田縣志》一書所記載的「江梅妃」事蹟，顯然脫胎於《梅妃傳》、卻又減省許多，連結局也一樣。

又根據唐、五代到宋朝的史料筆記的紀錄來看，唐王仁裕之《開元天寶遺事》〔註14〕一書，記載許多天寶年間的奇人軼事、宮廷內外異聞，如名妓楚蓮香滿身奇香，唐玄宗隨蝶所止、巡幸嬪妃，鸚鵡告發命案，宮妓念奴的眼色媚人，申王與岐王的風流韻事，玄宗與貴妃被底鴛鴦之戲，玄宗稱楊貴妃爲解語花，善於歌唱的宮妓永新，與遊仙枕、花妖、風流陣等故事，但是卻沒有任何關於梅妃的事蹟，實在奇怪。又如唐鄭處誨〔註15〕之《明皇雜錄》一書，記載善於相命的孫生，預言房琯、崔渙等人的升遷〔註16〕；王大娘善戴百尺之竿，演藝以娛樂明皇與貴妃〔註17〕；張果老長壽延年、帝王屢徵不

〔註13〕 參見朱子彥，《帝國九重天─中國後宮制度變遷》，2006 年 10 月初版一刷，頁52～53。

〔註14〕 書見《明皇雜錄 附補遺 校勘記 及其他五種》中華書局，1985 年北京新一版。

〔註15〕 鄭處誨：字延美、滎陽人，宰相餘慶之孫，太和八年登進士第，官至檢校刑部尚書、宣武軍節度使，事蹟附見《舊唐書·鄭餘慶傳》。參見《明皇雜錄 附補遺 校勘記 及其他五種》〈明皇雜錄提要〉頁1，中華書局，1985 年北京新一版。

〔註16〕 書同註14，頁1。

〔註17〕 書同註14，頁2～3。

起的故事〔註18〕；李龜年、彭年、鶴年三兄弟妙善音律，能舞善歌又有才學〔註19〕；李遐周頗有道術，開元中嘗受召入宮、後求住元都觀，天寶末年安祿山日漸跋扈，留下預言詩之後乃不知去向〔註20〕；記楊貴妃的婢女紅桃唱涼州詞、引起玄宗無限感傷，和受到楊貴妃禮遇、善於歌舞的謝阿蠻，唐玄宗因為思念楊貴妃而創制雨霖鈴曲〔註21〕等。

唐李德裕的《次柳氏舊聞》一書記載玄宗好神仙之道，極為友愛諸王、特別重視寧王。唐鄭棨的《開天傳信記》記賀知章軼事，寧王妙悟音律，玄宗勵精圖治，玄宗夢遊月宮、作紫雲曲，玄宗的美人被道士做法、術弄，楊貴妃剪髮傳情等。唐代裴庭裕的《東觀奏記》多記載唐宣宗朝之歷史逸聞，兼及女道士盛裝濃服的社會現象。唐姚汝能的《安祿山事迹》〔註22〕一書，歷敘安祿山的姓氏里籍、興起與南進，打入唐代的貴族社會，覬覦大唐江山而引發安史之亂，以及玄宗幸蜀、貴妃落難的詳細情節。唐劉肅的《大唐新語》一書分三十門紀事，條陳縷述、補唐史之遺，言及武惠妃相關事蹟。還有被《四庫全書總目提要》評為各類分明、極具歷史價值一書的《封氏聞見記校注》〔註23〕，由唐代封演所著，記溫泉池的功效與行宮的豪奢建制，楊貴妃姊妹宅第豪奢，楊氏一族囂張跋扈，預告馬嵬坡之難等故事。

五代孫光憲《北夢瑣言》〔註24〕一書紀錄唐末、五代史事，偶有提及玄

〔註18〕 書同註14，頁10～12。

〔註19〕 書同註14，頁8。

〔註20〕 書同註14，頁12～13。

〔註21〕 書同註14，頁18～19。

〔註22〕 《安祿山事迹》的作者姚汝能，是唐朝人、且距安史之亂發生的時間不遠，擔任過華陰尉。華陰尉地處京畿道、靠近潼關，正是遭受兵災最嚴重的地方，既能在此聽到很多傳聞軼事，描寫也較為真切。更重要的是《資治通鑑考異》所涉及的十多種安史之亂相關書籍，如《舊唐書》、《新唐書》、《玄宗實錄》、《肅宗實錄》、《明皇幸蜀記》、《唐曆》、《薊門紀亂》、《河洛春秋》、《西齋錄》、《天寶遺事》、《天寶亂離西幸記》與《安祿山事迹》等書，只有兩唐書與此書尚存，因此相關的雜史類只有《安祿山事迹》洵屬可寶，並具有較高的史料價值。參見《安祿山事迹》〈點校說明〉頁69。中華書局，2006年3月初版一刷。

〔註23〕 《四庫全書總目提要》曰：「唐人小說多涉荒怪，此書獨語必徵實。前六卷多陳掌故，七八兩卷多記古蹟及雜論，均足以資考證。末二卷則全載當時士大夫軼事，嘉言善行居多，惟末附諧語數條而已。」，參見《封氏聞見記校注》，中華書局，2005年11月初版一刷，頁104。

〔註24〕 清盧見曾〈雅雨堂叢書本序〉謂：陵州孫光憲在唐代避居荊南，為高從誨從事，作瑣言二十卷、取左傳「畋於江南之夢」，因為荊江故在其北、乃以「北

宗朝的事件，比方孟浩然因爲詩歌而失意於玄宗之事。宋趙彥衛的《雲麓漫鈔》〔註 25〕一書紀錄許多唐代以來音樂與律呂的規定，唐玄宗朝制定誕聖節的瑣事，還有畫眉習俗等瑣事。又宋代周密的《齊東野語》〔註 26〕一書，則有評論梅花之美等休閒筆錄。而這些文人自由撰述的歷史筆記，也都沒有關於江采蘋的記載。然而依照人情之常來判斷，《梅妃傳》裏一個地位曾經足以與楊貴妃爭高下的嬪妃，怎麼會不見錄於這些書籍中呢？何況京城名妓如楚蓮香，與宮廷歌姬永新、宮廷舞姬謝阿蠻等身分卑微的人物，都略見於史書記載了，更何況是貴爲嬪妃的江采蘋呢？

再則，收錄《梅妃傳》的陽山顧氏文房叢書，乃明人顧大有〔註 27〕家所刊刻的「家刻本」，這類刻本主要是爲了方便教育子孫之用，自己收藏或贈送親友，大致包括醫書、類書、科舉用書、狀元策、翰林院館課、八股文、小說戲曲等書籍，可以分成「民間日用參考實用之書」、「科舉應試之書」及「通俗文學之書」三大類。陽山顧氏文房叢書將此傳列爲「文學類 艷情小說」，由此可知明代已經有人將它視爲傳奇小說之屬了。所以，透過這些正史與歷史筆記、目錄學等資料分析，又進一步強化了《梅妃傳》的虛構性質，而這個虛構的故事竟然流傳久遠，連清代史學家都認爲是眞實的故事，更將故事中人也列爲莆田縣之名媛，增益其地之光芒，這也不能不說是一種奇特的文學現象。

夢」名篇。書載唐氏賢哲言行暨五代十國之事，蓋唐代自廣明年間之後文獻莫徵，五代之際記載多缺，得此書猶可考證。宋太平興國中李昉等奉敕撰《廣記》五百卷，採《瑣言》尤多。參見《北夢瑣言》中華書局，2006 年 1 月北京第二刷，頁 472～473。

〔註25〕《四庫全書總目提要》謂《雲麓漫鈔》「書中記宋時雜事者十之三，考證名物者十之七」，記載了許多關於宋代與宋代以前的歷代政治、經濟、軍事、文化藝術、典章制度、地理沿革、人物事迹、風土人情、花草蟲魚以及陰陽五行、八卦圖讖等材料。隨感而發，體裁、篇章、結構等方面全任自由，全然不見空談之言，具有唐宋史料與趙氏個人研究的雙重價值。參《雲麓漫鈔》，中華書局，1996 年 8 月初版，1998 年 5 月北京第二刷，〈前言〉（傅根清著）。

〔註26〕《四庫全書總目提要》評《齊東野語》「足以補史傳之缺」，因爲書中探討古史的各條都屬辭比事、考核詳悉，其間辨證疑義的地方、均有獨到的見解。雜記、瑣聞、品藻詩文、文物鑑賞與雜考等內容，也詳徵博引、敘述簡明，足以增學廣識。參見《齊東野語》，1983 年 11 月初版，2004 年 5 月北京第三刷，〈點校說明〉，頁 1～2。

〔註27〕顧大有：明代蘇州府長汀縣人，藏書萬卷、擇其善本刻之，署曰陽山顧氏文房。參見邱澎生〈明代蘇州營利出版事業及其社會效應〉，收於九州學刊 5 卷 2 期 1992 年 10 月。

三、相關詩賦作品評介

儘管《梅妃傳》一書可能是虛構的傳奇文章，其中的詩賦作品卻也頗有特殊涵意。文中有〈樓東賦〉一篇與〈謝賜珍珠〉一詩，而此一詩一文在《全唐詩》與《全唐文》二書均可見，但《梅妃傳》與《福建省莆田縣志》曾說梅妃有文才作有〈蕭〉、〈蘭〉、〈梨園〉、〈梅花〉、〈鳳笛〉、〈玻盃〉、〈剪刀〉、〈綺窗〉等八賦，這八篇卻不見其文流傳，唐中宗之昭容——上官婉兒 因為高才擅詩，而被視為才媛，若玄宗時代真有擅長作賦的江采蘋，豈不更該聲名大噪？由此更加佐證了江采蘋這人物應該是虛構的。

《梅妃傳》中敘述玄宗因為專寵楊貴妃日久、而思念起梅妃，於是命人將梅妃召至翠華西閣敘舊情，凌晨卻被楊貴妃無禮冒犯、驚悸沖散，侍者急忙偷偷送梅妃回宮。經過這一場激烈而荒謬的鬧劇之後，梅妃學司馬相如的筆法，自書〈樓東賦〉一篇、向皇帝表明心意，楊貴妃怒斥梅妃、要玄宗皇帝將語出怨怒的江采蘋處死，皇帝默然心傷，恰好夷地使者帶來供品，玄宗乃命人送一斛珍珠給梅妃、以示歉疚與不捨。梅妃悲傷不已、寫下〈謝賜珍珠〉一詩，並且退還禮物，玄宗因此而更加悵然不樂，於是為度新曲號為「一斛珠曲」〔註28〕。

〈樓東賦〉一文為：

> 玉鑑塵生，鳳奩香殄。懶蟬鬢之巧梳，閒縷衣之輕練。苦寂寞於蕙宮，但凝思乎蘭殿。信標落之梅花，隔長門而不見。況乃花心颺恨、柳眼弄愁，煖風習習、春鳥啾啾。樓上黃昏兮、聽鳳吹而回首，碧雲日幕兮、對素月而凝眸。溫泉不到、憶拾翠之舊遊，長門深閉、嗟青鸞之信修。憶太液清波、水光蕩浮，笙歌賞燕、陪從宸旒。奏舞鸞之妙曲，乘畫鷁之仙舟。君情繾綣，深敘綢繆。誓山海而常在，似日月而無休。奈何嫉色庸庸，妒氣沖沖。奪我之愛、幸斥我乎幽宮，思舊歡之莫得，想夢著乎朦朧。度花朝與月夕，羞懶對乎春風。欲相如之奏賦，奈世才之不工。屬愁吟之未盡，已響動乎踈鍾。空長嘆而掩袂，躊躇步于樓東。

全賦文字華麗、字字句句盡是宮廷美景，傳達富貴而優渥的內宮生活，也寫出了主人翁在孤寂的深宮歲月裏的辛酸與無奈。君王的恩愛只有一時，一但

〔註28〕《宋史·樂志》載有「一斛珠」曲譜，南唐後主李煜已填有「一斛珠美人口」，
　　　　故知最晚在南唐時已流傳此曲。

恩寵被奪、人生的幸福也就消失了，連回憶過往都顯得太沉重，更何況再受恩寵的渺茫希望呢？眼下這種女人間的嫉妒與排擠，讓一個孤單的靈魂更覺得惆悵傷懷，本來想藉著文人雅士之筆代為傳情達意，卻因為侍者們懼怕得罪楊貴妃，所以由梅妃親自完成，不禁倍增內心酸楚。

此賦除了寫景之外，重在抒發情思，以女子的口吻成篇，娓娓道述深宮怨婦的悲悽。這樣的寫作內容與大多數的唐賦都不相似，據洪順隆先生《辭賦論叢》一書所言，初唐時代（高祖武德初年到玄宗開元初年）遊道觀、訪佛寺、聽講經，已經是當時士人生活的一部分，他們的人生哲學、生活情趣和審美情趣，乃至心理性格中，遂兼有儒、釋、道三教的痕跡，因此而談論儒家德治思想、民本思想、仁義忠孝諸道德思想、禮樂思想、詩書思想、易春秋思想，道家無為虛靜之言、逍遙齊物之說、棄強守弱之思、和光同塵之想、無用養生之道、隱逸神仙之志，佛教的大慈大悲思想、色空觀、四聖論、三法印、八正道等思想〔註29〕。所以唐賦富於思想性、主題寬闊明確，盛唐之後又以詩歌為創作的主要體裁，因此像〈樓東賦〉這類作品比較少。

〈樓東賦〉的抒情技巧深刻而動人，以小女子擔任敘述者的角色，訴說自己的遭遇跟心聲，全文偏重在強烈情感的抒發，但是就篇幅來說、小巧而適切，它的篇幅不覆蹈長篇大賦的鋪張累贅、止於所當止，具有精緻凝煉的形式美；其抒情效果深摯，真誠而熱烈、哀婉而疏徐，可上追司馬相如的〈長門賦〉，具有撼動人心的力量，頗有魏晉時代抒情短賦的美感，這也是《梅妃傳》作者文采高華的象徵。

〈謝賜珍珠〉一詩為：「柳葉雙眉久不描，殘妝和淚污紅綃。長門自是無梳洗，何必珍珠慰寂寥？」這首詩是七言仄起的絕句，押平聲二等蕭韻、平仄格律很符合定制。以唐代詩歌的內容分類來說，這無疑是一首宮怨詩，記述了宮廷婦女悲鬱的心聲。而詩中人自言長久的孤寂與悽涼，冷宮幽居的苦悶，這是對帝王愛弛的一種怨怒；她將禮物退還、並質疑它們的用意，是一種妾妃所能做出來對帝王最大的反抗。詩中的人物情懷深沉而內斂，但也不失剛烈與骨氣，確實如同寒霜中的梅花一樣動人，令後世讀者也不免動容。恰恰符合朱光潛先生《詩論》一書所言：

從移情作用我們可以看出內在的情趣和外來的意象相融合而互相影響。……就一方面說，心情隨風景千變萬化，……就另一方面說

〔註29〕參見洪順隆，《辭賦論叢》一書，文津出版社，2000年初版，頁298～353。

風景也隨心情而變化生長，……這兩種貌似相反而實相同的現象就
是從前人所說的『即景生情，因情生景』。情景相生而且契合無間，
情恰能稱景，景也恰能傳情，這便是詩的境界〔註30〕。

其實不只有〈謝賜珍珠〉一詩傳達了『即景生情，因情生景』的境界，連〈樓
東賦〉也具有相同的鑑賞美感，因此讓《梅妃傳》整個故事的推衍精采而簡
要、故事動人至深，彷彿如同一篇真實的傳記一般，可見《梅妃傳》作者的
詩賦造詣均佳。

據稱《梅妃傳》的作者為唐末之曹鄴，前文已經證述過應為託名之故，
但是為什麼託名為曹鄴呢？據明代胡震亨《唐音癸籤》一書之言：「晚季以古
詩名者，曹鄴、劉駕、聶夷中、………就中鄴才穎較勝〔註31〕。」，所以將創
作託付給一位名人，應該是作者在流通書籍時的一個特別考量。由曹鄴的詩
歌集可以發現，他的作品或揭露社會矛盾，如〈捕魚謠〉〔註32〕、〈官倉鼠〉
〔註33〕、〈貴宅〉〔註34〕、〈戰城南〉〔註35〕、〈薊北門行〉〔註36〕等；或反映
政治情狀如〈續幽憤〉〔註37〕、〈偶懷〉〔註38〕等；或詠史詩如〈讀李斯傳〉

〔註30〕 參見朱光潛《詩論》，台北：萬卷樓圖書公司，1990 年初版，頁 66～70。
〔註31〕 轉引自梁超然、毛水清所注，《曹鄴詩注》，上海古籍出版社，〈前言〉頁 1。
〔註32〕 〈捕魚謠〉：天子好征戰，百姓不種桑。天子好年少，無人薦馮唐。天子好美
女，夫婦不成雙。參見梁超然、毛水清所注，《曹鄴詩注》，上海古籍出版社，
頁 1～2。
〔註33〕 〈官倉鼠〉：官倉鼠大如斗，見人開倉亦不走。健兒無糧百姓飢，誰遣朝朝入
君口？書同註31，頁 15。
〔註34〕 〈貴宅〉：入門又到門，到門戟相對。玉簫聲尚遠，疑似人不在。公子厭花繁，
買藥栽庭內。望遠不上樓，窗中見天外。此地日烹羊，無異我食菜。自是愁
人眼，見之若奢泰。書同註31，頁 23～24。
〔註35〕 〈戰城南〉：千金畫降圖，自為弓箭苦。殺盡田野人，將軍猶愛武。性命換他
恩，功成誰作主。鳳凰樓上人，夜夜長歌舞。書同註31，頁 12～13。
〔註36〕 〈薊北門行〉：長河凍如石，征人夜中戍。但恐筋力盡，敢憚將軍遇。古來死
未歌，白骨礙官路。豈無一寸功，可以高其墓。親戚牽衣泣，悲號自相顧。
死者雖無言，那堪生者悟。不如無手足，得見齒髮暮。乃知七尺軀，卻是速
死具。書同註31，頁 34。
〔註37〕 〈續幽憤〉：繁霜作陰起，朱火乘夕發。清晨冷無光，蘭膏坐銷歇。惟公執天
憲，身是台中傑。一逐楚大夫，何人為君雪？匆匆鬼方路，不許辭雙闕。過
門似他鄉，舉趾如遺轍。八月黃草生，洪濤入雲熱。危魂沒太行，客吊空骨
節。千年瘴江水，恨聲流不絕。書同註31，頁 52～53。
〔註38〕 〈偶懷〉：開目不見路，常如夜中行。最賤不自勉，中途與誰爭。蓬為沙所危，
還向沙上生。一年秋不熟，安得便廢耕。顏子命未達，亦遇時人輕。書同註
31，頁 40。

〔註39〕、〈始皇陵下作〉〔註40〕、〈姑蘇台〉〔註41〕、〈吳宮宴〉〔註42〕等。所反映的生活層面依然具有廣闊、寫實、哀婉、眞摯的特點，猶有悲天憫人的情懷。

　　然而曹鄴詩集中最多數的作品，還是爲小女子代言之作，如：〈恃寵〉論述趙飛燕受寵之時、其他嬪妃的心情〔註43〕；〈望不來〉寫癡情女子爲情人常保青春美貌的心聲〔註44〕；〈長相思〉寫男女久別後的思念之情〔註45〕；〈薄命妾〉寫婦人面對夫婿移情別戀之後的悲愁〔註46〕；〈代班姬〉一詩爲班婕妤寫出被奪寵的心聲〔註47〕。曹鄴的詩歌創作中，有一大部分替女子代言心聲，而他所揣摩的這些女子，許多都是歷史上的名女人，如班昭、趙飛燕等，因此曹鄴寫閨怨之作是個特色，無怪乎眞實作者要將《梅妃傳》一文寄託在曹鄴名下。

〔註39〕　〈讀李斯傳〉：一車致三轂，本圖行地速。不知駕馭難，舉足成顛覆。欺暗尚不然，欺明當自戮。難將一人手，掩得天下目。不見三尺墳，雲陽草空綠。書同註31，頁39。

〔註40〕　〈始皇陵下作〉：千金買魚燈，泉下照狐兔。行人上陵過，却吊扶蘇墓。累累壙中物，多于養生具。若使山可移，應將秦國去。舜歿雖在前，今猶未封樹。書同註31，頁48。

〔註41〕　〈姑蘇台〉：南宮酒未銷，又宴姑蘇台。美人和淚去，半夜闔門開。相對正歌舞，笑中聞鼓鼙。星散九重門，血流十二街。一去成萬古，台盡人不回。時聞野田中，拾得黃金釵！書同註31，頁35。

〔註42〕　〈吳宮宴〉：吳宮城闕高，龍鳳遙相倚。四面鏗鼓鐘，中央列羅綺。春風時一來，蘭麝聞數里。三度明月落，青娥醉不起。江頭鐵劍鳴，玉座成荒塵。適來歌舞處，未知身是鬼。書同註31，頁25。

〔註43〕　〈恃寵〉：二月樹色好，昭儀正驕奢。恐君愛陽艷，斫卻園中花。三十六宮女，髻鬟各如鴉。君王心所憐，獨自不見瑕。台上紅燈盡，未肯下金車。一笑不得所，塵中悉無家。飛燕身更輕，何必恃容華？參見曹鄴詩注，梁超然毛水清注，上海古籍出版社，頁8。

〔註44〕　〈望不來〉：見花憶郎面，常願花色新。爲郎容貌好，難有相似人。書同註31，頁15。

〔註45〕　〈長相思〉：剪妾身上巾，贈郎傷妾神。郎車不暫停，妾貌寧長春。青天無停雲，滄海無停津。遣妾空床夢，夜夜隨車輪。書同註31，頁26。

〔註46〕　〈薄命妾〉：薄命常惻惻，出門見南北。劉郎馬蹄疾，何處去不得。淚珠不可收，蟲絲不可織。知君綠桑下，更有新相識。書同註31，頁47。

〔註47〕　〈代班姬〉：寵極多妒容，乘車上金階。赧然趙飛燕，不語到日西。手把菖蒲花，君王喚不來。常嫌鬢蟬重，乞人白玉釵。君心無定波，咫尺流不回。後宮門不掩，每夜黃鳥啼。買得千金賦，花顏已如灰。書同註31，頁50。

四、結　語

　　《梅妃傳》一文流傳廣遠，為後人所喜愛，清代褚人穫撰述《隋唐演義》時，將這個故事納入文中、加以改編際遇，讓梅妃被神仙人物解救，安史亂平之後又被皇室親戚尋獲，送回宮廷、再享富貴，聊以安慰唐玄宗悲哀的晚年。最後雖然不免夭折的結果，但是將梅妃這個角色賦以神仙色彩，就像《紅樓夢》裏的林黛玉一樣都來自天上宮闕〔註48〕，這可以算是後人對梅妃的一份憐惜與愛戴吧！現代戲劇中亦不乏有依此故事改編的情節。

　　至於最初，為什麼創造出一個纖瘦明秀、儀態大方又溫柔可人的江采蘋，來作為楊玉環的情敵呢？應該是作者出於一種制衡的心態吧！？立意要讓端麗溫順的梅妃來對比活潑撒野的楊貴妃，讓悲弱的處境來對比囂張跋扈的態度，讓通識大體來對比嬌蠻專恣，讓體態清雅的來對比穠艷豐美的，就角色的設計藝術用心而言，真的是處處對比。更鮮明的對比在於江采蘋愛梅花，常常望梅成癡、留連不去，嫻靜安寧的神態、真如仙人，而豐滿的楊貴妃怕熱、愛熱鬧、歡慶樂宴不斷，喜愛牡丹花、喜好濃艷的色彩與裝飾，也真的另成一股很強的誘惑力。作者抓住了人君在兩個極端不同特色的嬪妃──氣質取向與性感熱情之間，謀取箇中平衡的心理，創作了一個很有意思的抉擇。

　　江采蘋這人物的出現可以代表一般世人的想像，讓一個特質完全不同的淑女、來對抗楊貴妃，雖然結局正如同真實歷史一般盡皆落敗，但不失為一種宣揚婦女才德的想法。又根據魯迅對作者應該是宋人的推測，這樣的創作理念也代表了宋代讀者的閱讀意識，與作者的創作觀點相互影響的關係，就如同邱澎生〈明代蘇州營利出版事業及其社會效應〉一文所言：

> 透過閱讀大眾的形成，書商為當代作家與讀者之間建構起溝通互動
> 的橋樑，作家的價值觀可以影響讀者，讀者的閱讀趣味取向也形塑
> 作家的創作。

以《梅妃傳》一書所載的江采蘋來看，她的性特特點真的比較像是謹守禮法、端莊自持的宋代婦女，不但才華橫溢、姿容秀麗、溫和淳樸還善解人意，因此而更加得到玄宗的讚賞。

　　但是若真要窮究江采蘋這人物的真實性，或許到莆田一帶作田野調查的工作、才能稍有突破。今人著作《中國歷代名人勝迹大辭典》一書提到：福

〔註48〕此說參見註解3所引《隋唐演義》情節。

建省蒲田縣江東村外寧海橋東岸邊，有數塊巨石橫臥，其一刻有「梅妃故里」四個大字；附近東華村田中有石如鵝胆，傳爲梅妃歸葬的祖墳；而江東村又俗稱爲「梅妃宮」，相傳爲唐玄宗敕建，明萬曆間重建，現存之建築爲清嘉慶十三年（西元 1808 年）重修，廡殿式分、前後兩殿，兩旁置廊廡，後殿正中祀塑像，前殿門外有一紅牆環繞的大庭院，將宮殿襯托得格外古樸典雅，廊廡間豎立了重修梅妃宮的記事石碑十通〔註49〕。

　　儘管現代的著作言之鑿鑿，彷彿眞有其人與事，但這些記事還是有可議之處。後宮佳麗多矣，玄宗曾經專寵武惠妃、並且兩人誕育了共計七個兒女，爲什麼玄宗會特別爲梅妃建陵墓、而不是爲武惠妃呢？後宮嬪妃眞的可以輕易歸葬故里嗎？有何前例可循呢？傳說是玄宗朝敕建的遺迹，傳說未必是可靠的，史證又何在呢？目前的建築物是清代嘉慶年間重修的，清代的史書如前所述之《福建省莆田縣志》，其中的記載都還有再商榷的需要，怎麼能據此以爲眞而不窮究呢？因此，關於江采蘋的疑問還有待持續的研索。不過可以確知的是，歷來讀者們多半對這種失寵的深宮嬪妃寄予了濃厚的同情，並且多方強調她們的才貌與品德之美，就如同謳歌班婕妤一樣。

參考書目

一、史籍資料（依照分類與作者的姓氏筆劃排列）

1. 〔五代〕王仁裕，《開元天寶遺事》。
1. 〔五代〕王仁裕，《開元天寶遺事》。
2. 朱子彥，《帝國九重天──中國後宮制度變遷》，2006 年 10 月初版一刷。
3. 〔元〕辛文房，戴揚本注譯，《新譯唐才子傳》，三民書局，2005 年 9 月初版一刷。
4. 周密，《齊東野語》，1983 年 11 月初版，2004 年 5 月北京第三刷。
5. 〔唐〕封演，《封氏聞見記》，中華書局，2005 年 11 月北京一版一刷。
6. 〔五代〕孫光憲，《北夢瑣言》，中華書局，2006 年 1 月北京第二刷。
7. 〔唐〕姚汝能，《安祿山事迹》，中華書局，2006 年 3 月北京第一刷。
8. 〔元〕脫脫，《宋史》，中華書局，1997 年 9 月。
9. 〔宋〕趙彥衛，《雲麓漫鈔》，中華書局，1998 年 5 月北京第二刷。

〔註49〕說法見《中國歷代名人勝迹大辭典》，旺文社股份有限公司，1992 年 9 月二版，頁 177。

10. 〔唐〕鄭處誨,《明皇雜錄》(及其他五種),中華書局。

11. 〔唐〕劉肅,《大唐新語》,中華書局,1997 年 12 月湖北第三刷。

12. 〔後晉〕劉昫,《舊唐書》,中華書局,1997 年 9 月。

13. 〔宋〕歐陽修,《新唐書》,中華書局,1997 年 9 月。

二、文學專著

1. 朱光潛《詩論》,台北:萬卷樓圖書公司,1990 年初版。

2. 杜松柏《詩與詩學》,洙泗出版社,1991 年 12 月二版。

3. 洪順隆,《辭賦論叢》一書,文津出版社,2000 年初版。

4. 梁超然、毛水清所注,《曹鄴詩注》上海古籍出版社。

5. 曹鄴《梅妃傳》,陽山顧氏文房本,,商務印書館。

6. 魯迅《魯迅小說史論文集——中國小說史略及其他》,里仁書局,1994 年,11 月初版二刷。

三、期刊論文

1. 邱澎生,〈明代蘇州營利出版事業及其社會效應〉,收於《九州學刊》5 卷 2 期 1992 年 10 月。

四、工具書

1. 《中國歷代名人勝迹大辭典》,旺文社股份有限公司,1992 年 9 月二版。